W0244359

Dr. Klaus Bischof | Anita Bischof | Stefanie Steible

Nachhaltige Personalgewinnung im Versicherungsvertrieb

Für Agenturen, Makler und Führungskräfte

Dr. Klaus Bischof | Anita Bischof | Stefanie Steible

Nachhaltige Personalgewinnung im Versicherungsvertrieb

Für Agenturen, Makler und Führungskräfte

vvw.de

Bibliografische Information der Deutschen Nationalbibliothek

Die Deutsche Nationalbibliothek verzeichnet diese Publikation in der Deutschen Nationalbibliografie; detaillierte bibliografische Daten sind im Internet über http://dnb.d-nb.de abrufbar.

Beachten Sie bitte stets unseren Aktualisierungsservice auf unserer Homepage unter **vvw.de→Service→Ergänzungen/Aktualisierungen**
Dort halten wir für Sie wichtige und relevante Änderungen und Ergänzungen zum Download bereit.

Zusätzlich zum Buch finden Sie ergänzende Checklisten und Beispiele unter www.bit.ly/bischof_checkliste

Gleichstellungshinweis
Zur besseren Lesbarkeit wird auf geschlechtsspezifische Doppelnennungen verzichtet.

Umschlagfoto: fotolia.com, vege

ISBN 978-3-89952-792-6

Vorwort

Sie suchen neue Mitarbeiter? Sie wollen die Besten finden? Sie wollen Sicherheit im gesamten Bewerbungsprozess?

Mit diesem Buch geben wir Ihnen unsere langjährigen und aktuellen Erfahrungen als Trainer, Coach sowie als Spezialist und Führungskraft im Versicherungsvertrieb weiter. Es vermittelt Ihnen praxiserprobte Werkzeuge, Vorgehensweisen und weitere Unterstützung für die Einstellung neuer Mitarbeiter. Es beginnt mit Hilfen für die Statusaufnahme und die Zielformulierung, Tipps zur Funktionsbeschreibung und zum dazu gehörenden Anforderungsprofil für Ihren neuen Mitarbeiter. Dann werden die verschiedenen Kanäle, über die Kandidaten angesprochen und gefunden werden können, unter die Lupe genommen: Print, Online und die persönliche Ansprache. Sie finden umfangreiche Tools und Anleitungen für die Analyse der Bewerbungsunterlagen, für die Einholung von Hintergrundinformationen und Referenzen sowie das Durchführen von Bewerbungsgesprächen und Arbeitsproben. Zudem unterstützen wir Sie bei rechtlichen Fragestellungen. Zusätzlich erhalten Sie konkrete Unterstützung für die oft unterschätzten Vorbereitungsarbeiten, wie z. B. die Kontaktpflege mit zukünftigen Mitarbeitern bis hin zu deren erstem Arbeitstag und der Einarbeitungsphase.

Nachhaltige Personalgewinnung richtet sich an Agenturleiter, Makler und Führungskräfte im Versicherungsvertrieb. Sie finden reichhaltige Beispiele aus dem Versicherungsbereich mit vielen Checklisten, Vorlagen, Leitfäden und Praxistipps. Das Buch unterstützt Sie auf kompakte Art und Weise bei einzelnen Schritten. Zudem erhalten Sie detaillierte und umfangreiche Insidertipps zum gesamten Bewerbungsprozess. Sie können dieses Buch in verschiedenen Modi verwenden:

- Wenn Sie sich grundlegend über den gesamten Prozess kundig machen wollen, dann ist Durcharbeiten der beste Weg.
- Wenn Sie bestimmte Fragen haben, dann suchen Sie mit Hilfe des Inhaltsverzeichnisses oder des Indexes die Antworten auf Ihre Fragen.
- Wenn Sie allgemeine Hilfen suchen, dann überfliegen Sie einfach einmal das Abbildungsverzeichnis und den Anhang.

Wir möchten Sie auch auf elektronische Hilfen verweisen, die Sie auf der Homepage des Verlages finden.

Für die **bessere** Lesbarkeit verzichten wir auf die gleichzeitige Nennung beider Geschlechter. Wir verwenden die männliche Form.

Ein ganz besonderer Dank gilt Agenturleitern, Maklern und Führungskräften aus der Branche, die mit ihrem Input wertvolle Anregungen gaben. Unser Dank gilt auch der Lektorin, die uns in diesem Projekt begleitete.

Eine Anmerkung: Über weite Teile des Buches verwenden wir eine Dialogform. Diese soll helfen, die Inhalte lebendiger zu machen.

Dr. Klaus Bischof | Anita Bischof | Stefanie Steible, im Herbst 2014

Inhaltsverzeichnis

Zusätzlich zum Buch finden Sie ergänzende Checklisten und Beispiele unter folgendem Link:

www.bit.ly/bischof_checkliste

1 Einführung und Überblick

Mein Name ist Max Schütz. Ich bin seit einigen Jahren als Inhaber einer Versicherungsagentur erfolgreich im Geschäft. Seit einiger Zeit erlebe ich es als schwieriger, qualifiziertes und zuverlässiges Personal zu finden. Auf der einen Seite hat sich das Image der Versicherungsbranche in der Öffentlichkeit immer noch nicht wesentlich verbessert, und auf der anderen Seite sind die Chancen für qualifizierte Mitarbeiter aufgrund der aktuellen Wirtschaftslage am Arbeitsmarkt sehr gut, so dass diese andere Branchen bevorzugen.

Ich selbst finde in meiner bisherigen unternehmerischen Entwicklung immer wieder neue Möglichkeiten, um mich und mein Geschäft weiterzuentwickeln. Dies lässt sich auch konkret an meinem Verdienst erkennen. Ich erlebe die Aufgaben rund um Versicherungen als spannend, vielseitig und herausfordernd. Mein konkreter Engpass ist der Faktor Zeit. Um hier dauerhaft Entlastung zu schaffen, suche ich weitere Mitarbeiter für verschiedene Aufgabenbereiche. Meine eigenen Erfahrungen mit der Mitarbeitereinstellung sind nicht besonders gut und stellen mich bisher nicht zufrieden. Dabei bedeutet ein zusätzlicher Mitarbeiter nicht automatisch Entlastung. Manchmal stellt eine zusätzliche Person an Bord sogar eine Mehrbelastung dar. Zudem höre ich dazu auch viel von meinen Kollegen. Ich möchte nun bei der nächsten Personalentscheidung vermeiden, einen ungeeigneten Bewerber einzustellen bzw. einen geeigneten Bewerber abzulehnen.

Mir fehlt im Moment auch die Zeit, eine erfolgversprechende Personalauswahl vorzubereiten: Nämlich aus allen Bewerbungen diejenigen herauszufiltern, die ich näher kennen lernen möchte, um dann eine fundierte und gute Entscheidung zu treffen. Deshalb habe ich mir dieses Mal von einem Kollegen ein qualifiziertes Personalunternehmen empfehlen lassen. Der Dienstleister stellt sich bei unserem ersten Kennenlerntermin folgendermaßen vor: Unser Ziel ist es, praxiserprobte Abläufe und Werkzeuge für die erfolgreiche Personalgewinnung zur Verfügung zu stellen. Sie bekommen neben der Dienstleistung „Bewerbermanagement" alle Hilfsmittel zu Ihrer Verwendung. Der Vertreter des Personalunternehmens, Herr Peter, überzeugt mich in seinem Vorgehen. Die Entscheidung für sein Angebot, „mich in der Personalauswahl aktiv zu unterstützen", fällt mir daher ausgesprochen leicht.

2 Unternehmensanalyse und Vorbereitung des Bewerbungsprozesses

2.1 Standortbestimmung und eigene Ziele: Wohin will ich?

Bei der Vereinbarung des ersten Arbeitstreffens hätte ich fast meine Entscheidung zu dieser Zusammenarbeit bereut. Das Büro von Herrn Peter teilte mir mit, dass er in der Startphase mit mir zusammen erst mal eine Standortbestimmung machen wird. Ich wollte einen Mitarbeiter einstellen und nicht Grundsätzliches diskutieren. Meine Bedenken wurden Herrn Peter ausgerichtet, der mir dann bei unserem ersten Arbeitstreffen Folgendes erläuterte: Bevor wir an die konkrete Rekrutierungsaufgabe gehen, möchte ich, dass Sie innerlich einen Schritt zurücktreten. Als erstes sei es wichtig, zu klären, welches Ziel ich mit der Einstellung von Mitarbeitern verfolgen will:

- Ist es meine Absicht, administrative Aufgaben abzugeben?
- Will ich mich von unangenehmen Aufgaben entlasten?
- Möchte ich, dass meine Kunden besser betreut werden?
- Will ich schlichtweg mehr verdienen?
- Besteht mein Ziel darin, mehr Mitarbeiter zu haben und ein großes „Unternehmen“ zu werden?

Herr Peter zeigte mir, wie wir Schritt für Schritt die Zielformulierung und die Standortbestimmung zusammen erarbeiten.

Aufgabe

Herr Peter bat mich, folgende Aufgabe zu machen: Tragen Sie in der Vorlage ZIEL (Abbildung 2–1) unter ERGEBNIS ein, was Sie unternehmerisch in zwei Jahren erreichen möchten. Dazu sollte ich zu den unten genannten Punkten konkret aufschreiben, welche Ergebnisse ich erzielen möchte:

- für mich persönlich
- für mich materiell
- für mein Unternehmen
- betreffend bereits vorhandener Kolleginnen und Kollegen
- bezüglich der Arbeitsabläufe
- für meine Kundinnen und Kunden
- für meinen Status gegenüber den Gesellschaften
- bezüglich meines Status gegenüber Kolleginnen und Kollegen in der Branche

Z	**Zweck** Zu welchem Zweck mache ich das? Was habe ich davon? Was bedeutet das für mich? **Warum?**	
I	**Inhalt** Methoden, Vorgehensweisen, Maßnahmen, Aktivitäten, Voraussetzungen Was brauche ich dazu? **Wie und womit?**	
E	**Ergebnis** ein messbarer und überprüfbarer Zustand Erfolgskriterien? **Welches?**	
L	**Länge** **Wie lange oder bis wann?**	

Abbildung 2–1: *Ein klares Ziel definiert das Ergebnis, das ich in einem bestimmten Zeitabschnitt erreichen will*

Danach erläuterte mir Herr Peter die anderen Teile von ZIEL.

- **Z** steht für: Wo will ich hin? In welche Richtung will ich mich entwickeln/verändern? Was sind meine Absichten? Was sind die Dinge, die ich an mir selber, in meiner Umgebung ändern möchte?
- **I** steht für: Wie sollen die Dinge verändert werden?
- **E** steht für: Woran messe ich, dass mein Ziel erreicht wurde?
- **L** steht für: Wie schnell möchte ich etwas erreichen?

Ich bin noch nicht überzeugt, ob die ganzen Fragen sein müssen. Herr Peter war über meine Skepsis nicht wirklich überrascht und erläuterte mir den Nutzen einer Zielformulierung.

- Die Zielformulierung schafft Klarheit darüber, wohin eine Entwicklung gehen soll.
- Die Zielformulierung liefert den Plan für die Umsetzung der Ziele.
- Eventuelle Zielkonflikte werden während der Zielformulierung aufgedeckt und gelöst.

Was auch immer die zu erwartenden Ergebnisse sind: Wichtig ist, dass diese klar formuliert werden. Spätestens dann, wenn Sie aus mehreren Bewerbenden auswählen müssen, mit wem Sie Gespräche führen und wem Sie schließlich eine Zusammenarbeit anbieten wollen, dann sind Sie mit einer guten Vorbereitung (Zielklärung) bestens gerüstet. Die Zielklärung unterstützt ganz klar in der Entscheidungsphase und fördert eine gute Entscheidungswahl.

Aufgabe

Herr Peter bat mich als nächstes, folgende Aufgabe zu machen: Ergänzen Sie im nächsten Schritt in den fehlenden Zeilen den Zweck, Inhalt und die Länge.

Z	**Zweck** Zu welchem Zweck mache ich das? Was habe ich davon? Was bedeutet das für mich? **Warum?**	Um mein Geschäftsfeld Rundum-Versorgung auszubauen, ist es notwendig und hilfreich, mich auf strategische Aufgaben und meine Außendiensttätigkeit zu konzentrieren. Dazu ist es erforderlich, mich im administrativen und verkäuferischen Bereich zu entlasten, dazu werde ich
I	**Inhalt** Methoden, Vorgehensweisen, Maßnahmen, Aktivitäten, Voraussetzungen Was brauche ich dazu? **Wie und womit?**	• einen qualifizierten Mitarbeitenden für die Administration suchen • er soll die Terminierung und Vorbereitung von Terminen mit übernehmen • er soll kleine Regulierungen betreuen • er sorgt für zuverlässige Bürobesetzung und stellt damit die Erreichbarkeit sicher zusätzlich • Unterstützung im Verkauf suchen: einen angestellten Verkäufer im Außendienst • er wird mich aktiv im Verkauf unterstützen, sowohl im derzeitigen Kundenbestand als auch bei der Neuakquise
E	**Ergebnis** Ein messbarer und überprüfbarer Zustand Erfolgskriterien? **Welches?**	• bin von administrativen Aufgaben entlastet • werde im Verkauf im Außendienst aktiv unterstützt • kann mich wieder mehr um meine wichtigen Kunden kümmern • mache wieder selber mehr Umsatz • habe wieder mal Zeit, selber eine Weiterbildung/Veranstaltung zu besuchen • habe Zeit für strategische und unternehmensplanerische Aufgaben
L	**Länge** **Wie lange oder bis wann?**	bis Ende nächstes Quartal

Abbildung 2–2: *Eine klare Zielformulierung unterstützt dabei, das Ziel zu erreichen*

Ein weiterer Schritt zur Zielformulierung besteht darin, eine **Standortbestimmung** vorzunehmen. Herr Peter gab mir den Auftrag, dass ich für mich einmal Bilanz zu meinen Aufgaben ziehe. Dies soll mir helfen zu klären, welche Aufgaben ein zukünftiger Mitarbeitender übernehmen soll.

Folgende Situation war im vergangenen Jahr aufgetreten: Ich stellte eine Bürokraft ein und war jedoch nicht wirklich zufrieden mit ihrer Leistung. Wenn ich heute darüber nachdenke, dann muss ich einfach zugeben, dass ich sie mehr aus Gefallen für einen Verwandten anstellte und weniger aufgrund ihrer Kompetenz. Es wurde bald deutlich, dass meine Mitarbeiterin sich mit neuen Technologien schwer tat. Zudem hörte ich, dass sie sich am Telefon gegenüber Kunden unfreundlich verhielt. Anrufe waren für sie grundsätzlich eine Störung und nicht eine Chance für unser Geschäft. Bei dieser unglücklichen Entscheidung meinerseits hatte ich dann doch noch etwas Glück. Meine Mitarbeiterin teilte mir mit, dass sie aufgrund der beruflichen Veränderung ihres Mannes zum Jahreswechsel selber eine andere Arbeitsstelle am neuen Wohnort der Familie suchen wird. Diese Situation hilft mir, jetzt bei der Neubesetzung frei zu gestalten. Ich hatte zwischenzeitlich viele organisatorische und administrative Aufgaben an mich gezogen, obwohl diese sehr gut von einem funktionierenden Team übernommen werden können. Mir ist bereits jetzt absolut klar, dass ich für die Zukunft von organisatorischen und administrativen Aufgaben entlastet werden möchte, um selber wieder mehr Zeit für Kundenpflege und Akquisition zu haben.

Herr Peter gab im Vorfeld noch den sanften Hinweis, dass eine Standortbestimmung für die meisten Menschen anspruchsvoll sei. Wenn sie seriös gemacht wird, dann wird eben auch deutlich, was der ein oder andere im Alltag gerne mal verdrängt bzw. ausblendet. Keiner seiner Kunden war anfangs bereit aufzuschreiben, was Sache ist. Aber: keiner bereute es im Nachhinein. Eine Standortbestimmung zu machen ist mühsam. Wenn diese jedoch erledigt ist, stellt sich normalerweise Erleichterung und Sicherheit ein. In der Regel ist klar erkennbar, wo die Dinge gut laufen und wo nicht. Das ist die Ausgangslage für eine erfolgversprechende Entscheidung darüber, welche Veränderungen auf den Weg gebracht werden sollten.

Die Standortbestimmung erfolgt schriftlich und bietet dadurch die Möglichkeit, klarere Ursachen und Wirkungen der Problemfelder herauszuschälen. Gleichzeitig ist eine solche schriftliche Fixierung die Voraussetzung zur Zielplanung. Sonst wird der folgende Satz bis zur Tragik ausgelebt: „Nachdem er das Ziel aus den Augen verloren hatte, verdoppelte er die Anstrengungen."

Zur Standortbestimmung lernte ich folgende Instrumente kennen:

- die emotionale Bilanz und
- die Leistungsbilanz

Die emotionale Bilanz gibt ein Bild über die eigenen positiven und negativen Gefühle, die eigene Lust und den Frust an einer Situation. Die Leistungsbilanz verdeutlicht, welche Aufgaben, Tätigkeiten und Ziele im zurückliegenden Zeitraum erreicht – oder eben nicht erreicht wurden.

Die emotionale Bilanz

Die persönliche Bilanz stellt Positives und Negatives gegenüber. Sie ist eine rückblickende Blitzlichtaufnahme in schriftlicher Form. Bei meinem Fall, der gerade erwähnten Mitarbeitendensituation, sah die Aufgabe wie folgt aus:

1. Positive Gefühle: Hier halte ich alles fest, was in der Zusammenarbeit mit der Mitarbeitenden Spaß machte, freute, positiv überraschte und evtl. sogar forderte.
   - In welchen Situationen wurden positive Erfahrungen und Gefühle erlebt: z. B. Stolz, Kraft, Zufriedenheit, Ausgeglichenheit, Unterstützung?
   - Was trieb in der Zusammenarbeit an, was brachte mich voran und machte Freude oder Spaß, gab Energie und Kraft?
2. Negative Gefühle: Hier schreibe ich auf, was in der Zusammenarbeit negative Gefühle verursachte oder sogar frustrierte.
   - In welchen Situationen wurden negative Erfahrungen und Gefühle erlebt: Frust, Unsicherheit, Überforderung, Angst, Unausgeglichenheit oder Belastung?
   - Was bremste, zog herunter und was blockierte?

Positive Gefühle	Negative Gefühle
• Zusammenarbeit mit mir – Entlastung durch Telefonabnahme • Kundenbetreuung – entlastet, weil sie klare Aufträge abarbeitete	• Kundenbetreuung ärgert – unklare Aufträge bleiben liegen • nervt: sie wird nicht von sich aus aktiv und fragt nach, das macht unsicher und verwirrt • Kundenbetreuung – hilflos, da ich gescheitert war, ihr Freundlichkeit beizubringen • administrative Aufgaben – nervt: keine Entlastung, da ich ihre Aufgaben immer wieder kontrollieren musste • Arbeiten im Büro – bin unsicher: nutzt Technologie nicht und bin nicht sicher, ob sie manche E-Mail versenkte • Zusammenarbeit im Team – enttäuscht: Vereinbarungen hielt sie nicht ein • Zusammenarbeit mit mir – Stress miteinander, viele unnötige Diskussionen, weil sie meinte, ich greife sie persönlich an • mit mir – unsicher, ob ich ihr aufgrund verwandtschaftlicher Beziehung Druck machen / kündigen könnte

Abbildung 2–3: *Die emotionale Bilanz beschreibt die erlebten Gefühle im Rückblick auf eine Situation*

Leistungsbilanz

Die Leistungsbilanz zeigt auf, was auf der Sachebene erreicht und was nicht erreicht wurde und wird ebenfalls schriftlich gemacht. Bei meinem Fall sah die Aufgabe wie folgt aus:

1. Erfolgsseite: Materiell und nachweisbar Erreichtes – Im „Brainstorming" wird aufgeschrieben, welche Aufgaben, Ziele, Tätigkeiten erreicht, erfüllt oder übererfüllt wurden:
   - Welche Aufgaben, Ziele und Erfolge hat die Mitarbeiterin erreicht?
   - Was kann konkret nachgewiesen werden?
   - Was sagen evtl. andere Personen, was erreicht wurde?
2. Misserfolgsseite: Es wird festgehalten, was nicht, zu wenig oder zu viel (verzettelt) gemacht wurde:
   - Welche Aufgaben, Ziele wurden nicht erreicht?
   - Welche Misserfolge wurden erlitten?
   - Wo investierte ich immer wieder Zeit und hatte Aufwand, ohne dass ein Nutzen dabei heraus kam?
   - Wo kam ich nicht weit genug?

Erfolg	Misserfolg
• Zusammenarbeit mit mir: sie hörte sich teilweise meine Kritik an • Kundenbetreuung: einzelne Kunden hat sie wieder zurückgeholt	• Kundenbetreuung – Unfreundlichkeit schreckte Kunden ab • administrative Aufgaben – viel Zusatzaufwand aufgrund von Lernunwilligkeit und negativer Einstellung • Vorbereitung von Kundenterminen – ich hatte Mehrarbeit auch aufgrund von diversen Kurzkrankheiten • Führungsaufgaben – Vereinbarungen und Gespräche waren Zeitverschwendung • privates Umfeld – redet mich in der Verwandtschaft schlecht • insgesamt – Aufwand und Nutzen standen in keinem guten Verhältnis

Abbildung 2–4: *Die Leistungsbilanz beschreibt die Sachebene des Erreichten oder Verfehlten*

Diese Aufgabe war für mich anstrengend. Die Erstellung der Bilanzen erforderte von mir, dass ich mich mit der Situation im Nachhinein intensiv auseinandersetzte. Ich konnte dann Herrn Peter nur zustimmen: Nachdem ich alles ausformuliert und aufgeschrieben hatte, ging es mir deutlich besser. Auf einmal war es klar und eindeutig, was mich störte, Kraft und Zeit kostete und was auch gut war. Jetzt wusste ich ganz genau, auf was ich bei der Neubesetzung dieser Funktion achten werde.

Herr Peter fasste nochmals den Nutzen dieser Bilanzen zusammen:

Die Bilanzen zeigen, ob die Situation ausgeglichen annehmbar oder nicht ausgeglichen und unannehmbar ist. Sie sind die Grundlage einer Standortbestimmung für die Vorbereitung einer Personalsuche. Sie können auch für die **Vorbereitung von Mitarbeitergesprächen, Zielvereinbarungen, in der Zusammenarbeit mit dem eigenen Team oder mit Geschäftspartnern** eingesetzt werden.

- Grundsätzlich helfen sie zur Situationsklärung. Die Gedanken drehen sich ja vielfach im Kopf und man kommt nicht weiter – ein geistiger Kurzschluss. Damit konkretisiert wird, was Sache ist, muss dies zuerst niedergeschrieben werden.
- Bilanzen zu formulieren bedeutet, die Fertigkeiten zu erkennen und zu entscheiden, wo Ausbaupotenzial besteht. Wenn mit Mitarbeitern regelmäßig Bilanz gezogen wird, ergibt sich daraus, wo diese überfordert sind und wo noch etwas dazu gelernt werden muss.
- Wenn sich auf der rechten Seite der Bilanzen mehr und inhaltlich gravierende Punkte finden, sind diese der Ansatzpunkt für Veränderungen. Diese Punkte gilt es zu neutralisieren. Andererseits ist alles Positive auf der linken Seite zu erhalten, zu vertiefen und zu vermehren.
- Wer selber konkretisiert und das schriftlich fixiert, ist schneller bereit, Konsequenzen zu formulieren und zu tragen. Wer nicht konkretisiert, schiebt die eigenen Negativpunkte wie einen Entschuldigungsschirm vor sich her. Die „schwarzen" Gedanken kreisen dabei immer wieder um die gleichen Punkte und lähmen. Ein geistiger Kurzschluss ist die Folge und man gelangt nicht mehr auf die Handlungsebene.
- Bilanzen bringen Erleichterung, weil dadurch klar wird, wo problematische Schwerpunkte liegen. Dann fällt es auch leichter, etwas zu unternehmen.
- Bei einem Abgleich von Bilanzen mit Partnern (Mitarbeitern, Team, ja selbst im Privatbereich): die Bilanz ist eine Chance für eine strukturierte Kommunikation und damit eine Kommunikationsplattform. Wenn jeder Partner eine Bilanz erstellt, können die individuellen Bilder miteinander abgeglichen werden.

Tipp

Machen Sie jetzt auf Ihre Situation bezogen eine Bilanz. Wenn Sie an eine Ersatzeinstellung, an Personalausbau im Außen- oder Innendienst oder an eine strategische Partnerschaft denken:

Bilanzieren Sie für sich diese Situation.

- Überprüfen Sie dann bezüglich des ZIELs Ihrer Bewerbersuche, ob Sie die wichtigsten Negativ- oder Positivelemente auch dort wiederfinden.
- Ergänzen Sie gegebenenfalls Ihr ZIEL.

Nutzen Sie ggf. zusätzlich im Anhang (Zielvereinbarung – eine zusätzliche Variante) eine weitere Hilfe für die Zielformulierung.

2.2 Wo wachse ich?

Um entscheiden zu können, ob und für welche Aufgabengebiete ich Personal rekrutieren möchte, haben Herr Peter und ich im nächsten Schritt die Wachstumsquellen miteinander eruiert. Um diese innerhalb meines Betriebes zu identifizieren, standen folgende Fragestellungen zur Diskussion:

- In welchen Sparten wachse ich am stärksten?
- Möchte ich mich auf Kernthemen spezialisieren?
- Wo verliere ich Bestand oder habe keine Zuwächse zu verzeichnen?
- Welche Sondereinflüsse sind aufgetreten?
- Wie schätze ich die weiteren Wachstumsaussichten ein?
- Weshalb möchte ich weiter wachsen?
- Welche Zielgruppen bediene ich bisher und welche Kunden möchte ich künftig zusätzlich hinzugewinnen?
- Mit welchem Aufwand kann ich das erreichen?
- Welche wirtschaftlichen Einflüsse sind zu berücksichtigen?

Herr Peter und ich waren uns einig, dass die Motivation einer „schneller-höher-weiter-Strategie" kritisch und objektiv zu hinterfragen ist. Citius, altius, fortius (zu deutsch: schneller, höher, weiter) ist das von Pierre de Coubertin ausgerufene Motto der Olympischen Spiele. Heute verstehen wir im Gegensatz dazu häufig „dabei sein ist alles" als olympisches Motto. Doch im Versicherungsvertrieb geht es nicht um den olympischen Gedanken, sondern um marktwirtschaftliche Gegebenheiten. Die Gründe, Wachstum anzustreben, können deshalb sehr vielfältig sein:

- **Langfristiger Bestandserhalt**: Kompensation von Storni aufgrund Risikofortfall, Wegzug, Vertragsreduzierung, Vertragsablauf, Auszahlung, Tod oder sinkenden Durchschnittsprämien.
- **Aufbau Alterssicherung**: Bestandsverluste reduzieren den Ausgleichsanspruch / Verlauf der Bestände. Das kann Agenturen / Maklern gerade in den Jahren vor dem Ruhestand zum Verhängnis werden, falls sie ihre Bestände schon längere Zeit weniger gut gepflegt haben. Infolgedessen wurden diese nicht mehr ausgebaut, so dass die Bestandsentwicklung rückläufig ist.
- **Die Versicherungsgesellschaft fordert es**: Versicherer wollen – manchmal auch um einen hohen Preis für den Inhaber – Wachstum generieren. Aus diesem Grund stellen sie negativ verlaufende Bestände früher oder später infrage oder wollen motivieren, mithilfe von Personalzubau zu wachsen.
- **Vergütung**: Viele Bonifikationsvereinbarungen / Vergütungsmodelle sind auf Wachstum ausgerichtet – häufig gezielt auf verschiedene Sparten. Das kann auch in Form einer Grundbedingung **„Wachstum"** geschehen, die mindestens erfüllt sein muss, um eine Geschäftsplanvergütung zu erhalten. Sie kann nach Stückzahlen oder prozentual bemessen sein.
- **Demographie**: Aufgrund der Altersdynamik ist es notwendig, Bestände auszubauen und die mittelfristig altersbedingten Abgänge auszugleichen.
- **Ausschalten von Konkurrenz**: In der Umgebung befindliche Makler / Agenturen können durch den Aufbau eines umfangreichen Empfehlungsmanagements in ihren Wachstumsmöglichkeiten beschränkt werden.
- **Aus eigenem Antrieb**: Der Wunsch, Bestandszuwächse zu schaffen, kann sich aus eigenem Unternehmergeist respektive dem Willen zur Vergrößerung des eigenen Betriebes entwickeln.
- **Qualitätssicherung – Kunden aussieben (strikte Sanierungsmaßnahmen)**: In regelmäßigen Abständen empfiehlt es sich, Bestände auf „teure Kunden" hin zu durchleuchten. Damit sind beispielsweise Kunden gemeint, die statt Erträge negative versicherungstechnische Ergebnisse verursachen, oder Einvertragskunden mit hohem Schaden- und Betreuungsaufwand. Durch die Trennung von diesen können die gewonnenen Energien an anderer Stelle positiv eingesetzt werden. Zum Ausgleich der abgegebenen Bestände gilt es, neues Kundenpotential zu generieren.

- **Nachhaltiges, ertragreiches Wachstum:** Es ist wichtig, Wert auf qualitatives Wachstum anstelle eines Bestandsausbaus um jeden Preis zu legen. Unprofitables Geschäft rächt sich doppelt: Es kostet Versicherer wie Makler/Agenturen Zeit und Geld, und es führt letztlich zu Sanierungen, so dass verlorenes Geschäft zusätzlich neu akquiriert werden muss.
- **Nicht aufgekauft/fusioniert werden:** Geringe Bestandsgrößen laufen genauso wie kleinere Agenturen/Makler eher Gefahr, in eine größere Einheit integriert oder gar aufgekauft zu werden. Bestandsgröße verhilft dagegen zumindest zu einer besseren Verhandlungsposition auch in Fusionsgesprächen.
- **Bestandsdurchmischung:** Um Bestände „gesund" zu halten, gilt es, diese regelmäßig mit „frischem Blut" anzureichern. Das kann nur durch Gewinnung neuer Kunden bzw. durch Cross-Selling in Form der Anbündelung an bestehende Verträge geschehen. So empfiehlt es sich, fortlaufend neue Wachstumsfelder zu erschließen, um unprofitable Geschäftsfelder ausgleichen zu können.
- **Nachfolgeregelung/Einarbeitung:** Bestände wachsen mit dem Alter des Inhabers. Dies ist durch Bestandsanalysen auch belegbar. Je jünger Bestände durchschnittlich sind, desto attraktiver werden sie aber für potentielle Nachfolger. Zudem muss die Einarbeitungsphase neuer Mitarbeiter oder eines Bestandsnachfolgers finanziert werden. Das kann durch Wachstum möglich werden.
- **Spezialisierung:** Hohe Beratungskompetenz abzubilden, kann auch eine Spezialisierung auf einzelne Sparten oder Zielgruppen erfordern. Gerade im Bereich der betrieblichen Altersversorgung oder in den Gewerbesparten wird viel Fachwissen benötigt, um eine qualifizierte Beratung unter den aktuellsten Gegebenheiten durchzuführen.
- **Delegation von Aufgaben:** Durch das Delegieren administrativer Aufgaben zum Beispiel an eine 450-Euro-Kraft kann der Unternehmer seinen eigenen Lohn aufbessern, weil er sich durch die hinzugekaufte Zeit ertragreicheren Tätigkeiten mit höherem Anspruch oder im Verkauf zuwenden kann.
- **Gewinn von Freizeit:** Dem Agenturinhaber könnte es auch ein Anliegen sein, selber mehr freie Zeit zu gewinnen, indem er durch Anstellung eines Angestellten Routineaufgaben an diesen delegieren kann.

Trotz all dieser Punkte darf jeder sich der Philosophie des „schneller, höher, weiter" in seinem Umfeld entziehen. Hier hilft die zuvor erarbeitete Bilanz. Sie sagt mir, warum, wie, wohin und in welcher Zeit ich wachsen will. Welche Motive hat mein Wunsch nach dem Ausbau meines Unternehmens:

Strebe ich einen höheren Verdienst an, eine Imageverbesserung oder will ich mehr Unabhängigkeit gewinnen? Herr Peter erzählte mir dazu von einigen Beispielen, wo Unternehmer sich durch zu große Personalzahl plötzlich einem Diktat des „Verdienen Müssens" für die Mitarbeiter unterworfen hatten.

In diesem Zusammenhang muss ich mich schließlich hinterfragen, wie viel Freiheit ich tatsächlich gewinne, wenn ich Wachstum mit Personalzuwachs umsetze und wie viel ich für meine finanzielle Investition bekomme. Neben meiner Fürsorgepflicht als Arbeitgeber gehen damit auch eine Reihe von Verantwortlichkeiten und kaufmännischen Risiken einher, auf die es sich möglichst gut einzustellen gilt. Die folgende Tabelle zeigt die Überlegungen im Überblick:

Gewinn von Freiheit	Verpflichtungen
Entlastung (hinsichtlich Umfang meiner Tätigkeit, Erreichbarkeit, Freizeit und Urlaub, Zeitgewinn für Fortbildungen)	Personalverantwortung: Planen, Führen, Controlling
mehr Spaß im Team	Gefahr eines effizienten Mitarbeiters (evtl. Bestandsmitnahme bei Ausscheiden)
Erschließung neuer Kundensegmente	klare Aufgabendefinition und -verteilung
Puffer für schlechte Zeiten anlegen, Fortführung des Betriebes im Krankheitsfall	laufende Kosten

Abbildung 2–5: *Pro und Contra von Wachstum durch Personalzuwachs abzuwägen, erleichtert Ihnen die Entscheidung*

Gibt es auch Situationen, die einen Erhalt des Status quo rechtfertigen können? Kurzfristig – zum Beispiel krankheitsbedingt – könnte so argumentiert werden; wobei auch dieses Problem in einem Mehrpersonenbetrieb eher zu kompensieren wäre wie beim Einzelunternehmer.

Bei allgemeingültiger Beantwortung der Frage hilft die Produkt-Markt-Matrix. Sie bezeichnet die vier Wachstumsoptionen:

1. der Markt-Durchdringung
2. der Produkt-Entwicklung
3. der Markt-Entwicklung
4. des Angebots neuer Produkte (Produktdiversifikation)[1]

Ein auf dem Status quo beharrender Unternehmer wird an allen vier Optionen scheitern und widerspricht mit seinem Handeln marktwirtschaftlichem Denken. Wer lediglich das Vorhandene erhalten will, wird sich dem Verkauf neuer Produkte oder der Erschließung neuer Zielgruppen verweigern beziehungsweise dies auch organisatorisch nicht umsetzen können. Die Optionen der Marktdurchdringung und Produktdiversifikation bedingen einen Ausschluss von sich aus. Damit erhalten andere Marktteilnehmer die Möglichkeit, sich zu etablieren und in der Folge meinem Betrieb selber Marktanteile wegzunehmen.

1 Prof. Fred Wagner (Hrsg.): Gabler Versicherungslexikon online, http://www.versicherungsmagazin.de/Definition/34191/wachstumsstrategien.html

Auch wenn ein Nullwachstum sich in Bezug auf den eigenen Unternehmenswert, aber auch gegenüber der Gesellschaft, zunächst besser darstellt als Bestandsverluste, bedeutet es im Gegensatz zur regelmäßig wachsenden Agentur einen Rückschritt. Kein Wachstum zu haben, lässt auf schlechte Bestandsbetreuung schließen, wenn man davon ausgeht, dass allein aus dem vorhandenen Bestand heraus durch Anbündelung Wachstum generiert wird.

Unter Außerachtlassung von Sondereinflüssen lässt sich Negativwachstum als Nichtbetreuung interpretieren, während Stillstand zwar Betreuung, aber im nicht mehr als notwendigen Maße bedeuten könnte. Keine Gesellschaft wird damit zufrieden sein, weil die Gewinnspanne des Unternehmens darunter leidet. Mit niedrigeren Gewinnen der einzelnen selbstständigen Betriebe läuft das Unternehmen zudem eher Gefahr, Vermittler zu verlieren. Die Wechselbereitschaft zu einem anderen Versicherer oder in einen anderen Vertriebsweg steigt, je niedriger der Gewinn ausfällt. Nach Berechnungen von Prof. Matthias Beenken besteht eine „signifikante Korrelation zwischen der Wechselwilligkeit und dem erzielten Gewinn“.[2]

Welche Unternehmen wachsen überhaupt? Viele kleine Makler/Agenturen wachsen anfangs überproportional und tun sich in diesem Feld auch später tendenziell leichter, sofern eine starke Verkäuferpersönlichkeit dahinter steht.

Allerdings gilt dies nur bis zu der Grenze, wo personelle Verstärkung notwendig wird, weil der Kundenkreis und die Anzahl der zu betreuenden Verträge zu groß geworden sind, um dies allein bewerkstelligen zu können. An diesem Punkt brechen entweder die Neuabschlüsse ein oder die Bestandsarbeit leidet. Diese sogenannte Wachstumsschwelle beziffern die einzelnen Versicherer verschiedenartig. Ein Ansatz dabei ist, die Wachstumsschwelle an der Größe des Kompositbestands festzumachen. Die Schwelle wird bei dieser Variante bei 300.000 bis 400.000 Euro angegeben. Die zweite Variante ist, die Anzahl Kunden als Richtwert zu nehmen. Dabei werden als Richtwert 500 bis 1.000 Kunden genannt.

Aber auch viele größere Agenturen / Makler schaffen es, mit einer guten personellen Aufstellung Wachstum zu generieren, denn es gibt viele Beispiele jenseits der Größe von 1.000.000 € Kompositbestand, die regelmäßig ergiebige Zuwächse verbuchen können. Sie müssen ihre Abläufe und Prozesse immer wieder kritisch im Spannungsfeld zwischen Wachstum und Effizienz prüfen.

Existieren neben der Einstellung von Personal alternative Lösungen, um Wachstum zu generieren? Zum einen könnten – allerdings nur in Grenzen und daher nur als Übergangslösung geeignet – Abläufe effizienter organisiert, Kundentermine ins Büro verlegt oder weniger Service geboten werden. Teilweise im Direktvertrieb zu akquirieren oder mehr Vorgänge online abzuwickeln, ist ebenfalls möglich. Daneben könnten neue Märkte erschlossen werden, die mit einer veränderten Betreuung abzudecken sind. Das ist zum Beispiel im Gewerbebereich der Fall. Temporär kann mit Aushilfen gearbeitet wer-

2 Prof. Matthias Beenken: BVK-Analyse, Warum Vertreter (nicht) zufrieden sind, veröffentlicht am 18. Dezember 2013, http://www.versicherungsmagazin.de/Aktuell/Nachrichten/195/21228/BVK-Analyse-Warum-Vertreter-%28nicht%29-zufrieden-sind.html

den, die in der Hochsaison (zum Beispiel Oktober/November) eingesetzt werden, ohne sich seitens des Geschäftsinhabers hieran dauerhaft personell zu binden.

Eine Alternative stellen eine vorzeitige Bestandsabgabe oder der -verkauf dar. Hierdurch kann sich der Inhaber wieder auf seine Kernkompetenzen und -aufgaben konzentrieren. Diese Lösung bietet die Möglichkeit der Bestandsselektion und stellt dem Unternehmer Kapital zur Verfügung. Allerdings kann die Problematik auftreten, dass noch kein Ausgleichsanspruch oder keine hohe Kundenbindung erreicht wurde, wodurch die geschlossenen Verträge bei Inhaberwechsel einer höheren Stornogefahr ausgesetzt wären. Welche Motivation könnte für den Verkäufer bestehen, neue Verträge abzuschließen, um diese in relativ kurzem zeitlichem Abstand schon wieder abzugeben? Dauerhaft bleibt also nur die Alternative, Personal zu rekrutieren und auf der Basis der nun vollzogenen Wachstumsanalyse die Investitionen und Kosten für einen neuen Mitarbeiter zu berechnen.

2.3 Wie rechnet sich ein neuer Mitarbeiter?

Manche Versicherungsunternehmen besitzen ein eigenes Werkzeug zur Berechnung von neuem Personal, ein sogenanntes Investitionsprogramm. Mit dessen Hilfe können sie hoch professionell und präzise zusammen mit dem Agenturleiter/Makler berechnen, was der zukünftige Mitarbeiter einerseits kostet (Angaben des Einstellenden). Andererseits kann aufgrund der „Provisionstabellen“ und möglicher „Provisionskarrieren“ auch berechnet werden, was der zukünftige/gegenwärtige „Mitarbeiter/Partner/Nebenberufler“ brutto erwirtschaften kann oder aber – falls Sie eine Innendienstkraft einstellen wollen – welchen Mehrwert Ihnen diese bringt. Falls Sie hier nicht unterstützt werden, nehmen Sie entweder selbst eine Investitionsrechnung vor oder holen Sie sich Hilfe dafür.

Um die Rentabilitätsrechnung einer Investition in einen neuen Mitarbeiter mit korrekten Daten zu versehen, sammeln Sie alle Fakten über den Ist-Zustand Ihres Betriebes. Nehmen Sie eine Erfolgsrechnung vor, indem Sie für einen bestimmten Zeitraum festhalten, welchen Zeitaufwand Sie für Ihre Termine haben und welches Geschäft daraus resultiert. Selbstverständlich können Sie die Erfolgsrechnung auch in Bezug auf Ihre schon vorhandenen Mitarbeiter einsetzen.

Erfolgsrechnung für eine Agentur vom __.__.____ bis __.__.____								
Kunde	Zeitaufwand für Termine (in Minuten)			Ergebnisse				Bemerkungen
	1.	2.	3.	Empfehlungen	Wertung	Stückzahl	aktualisierte Verträge	

Abbildung 2–6: *Die Agentur-Erfolgsrechnung sammelt Daten und Fakten über einen ersten Aufwand und Ertrag Ihrer eingesetzten Zeit*

Überlegen Sie sich, wie Sie die Nettoarbeitszeit Ihres neuen Mitarbeiters ansetzen und welche Arbeitszeit für Sie selbst verbleibt. Hilfreich ist folgendes Beispiel einer Innendienstkraft und des Agenturleiters / Maklers. Beschönigen Sie hier nichts, sondern arbeiten Sie mit realistischen Zahlen. Haben Sie vor, sich künftig mehr Erholungsphasen zu gönnen, berücksichtigen Sie dies. Das beeinflusst zwar Ihren Gewinn, objektiviert aber die Erwartungen an Ihre zukünftigen Mitarbeiter.

Die Zahlen können für Ihre Region/Gesellschaft stark von unseren Beispielen abweichen. Wir haben uns an für den süddeutschen Raum näherungsweise üblichen Größenordnungen orientiert, um die Rentabilitätsrechnungen für verschiedene Funktionsgruppen vergleichbar zu machen.

Ermittlung der Nettojahresarbeitszeit für eine Innendienstkraft	
Arbeitstage	260
Feiertage	10
Urlaub	30
Seminare	5
Tagungen	5
Krankheit	5
Sonstiges	5
effektive Arbeitstage (netto)	200

Ermittlung der Nettojahresarbeitszeit für einen Agenturleiter	
Arbeitstage	260
Feiertage	10
Urlaub	20
Seminare	5
Tagungen	5
Krankheit	5
Sonstiges	5
effektive Arbeitstage (netto)	210

Abbildung 2–7: *Berechnung der Netto-Jahresarbeitszeit einer Innendienstkraft und eines Agenturleiters*

Diese Daten können Sie nun in die nachfolgenden Rentabilitätsberechnungen übernehmen, um die Machbarkeit und Rendite einer Personalinvestition mit Zahlen zu unterlegen. Sie ersehen daraus genau, welchen zusätzlichen Umsatz Sie durch einen neuen Mitarbeiter generieren können, was er Sie kostet und welchen Ertrag Sie letztlich daraus erzielen. Ihre sonstige Produktion, die Sie allein in Ihrem Betrieb erwirtschaften, bleibt unberücksichtigt.

In die Rentabilitätsberechnungen können Sie Ihre eigenen Werte in Bezug auf den Zeitaufwand bei Kundenbesuchen, die Abschlussquote und Höhe Ihrer Abschlüsse, zusätzlich erwirtschaftete Bonifikationen sowie den Stundenlohn einsetzen und die Rechnungen damit individuell simulieren. Wir haben beispielhaft angenommen, dass Sie zwei Stunden pro Kundentermin benötigen und bei jedem zweiten Termin zum Abschluss kommen. Ihre Abschlüsse bewegen sich durchschnittlich in einer Höhe von 200 €. Die Analyse ist sowohl für die Planung von Innendienstkräften wie für die Einstellung von Außendienstmitarbeitern einsetzbar.

Sehen wir uns zunächst beispielhaft die Rentabilitätsrechnung einer Investition in eine halbtags beschäftigte Innendienstkraft an:

1. Berechnung des zusätzlichen Umsatzes:	
geplanter Arbeitseinsatz der Innendienstkraft	4 Stunden/Tag
Zeitaufwand/Kundenbesuch des Agenturleiters	2 Stunden
mögliche zusätzliche Termine / Tag	2 Termine
durchschnittliche Abschlussquote	50 % (= 1 zus. Abschluss)
durchschnittliche Abschlussprovision pro Vertrag	200 €
Hochrechnung des zusätzlichen Absatzes	200 Verträge
zusätzliche Provision	40.000 €
zusätzlich erwirtschaftete Bonifikationen	5.000 €
Hochrechnung des zusätzlichen Umsatzes	**45.000 €**
2. Berechnung des zusätzlichen Aufwandes:	
Monatsgehalt (20 Stunden/Woche)	2.000 €
Jahresgehalt	24.000 €
Arbeitgeberanteil Sozialversicherungen (RV, AL, KV, Pflege)	4.625 €
Arbeitsplatz- und Reisekosten	1.000 €
Aus- und Weiterbildung	500 €
ausgezahlte Abschlussprovision	keine
ausgezahlte Bonifikationen (25 %)	1.250 €
Gesamtaufwand:	**31.375 €**
3. Ertragsberechnung:	
Mehrumsatz abzgl. Gesamtaufwand: **(ohne Berücksichtigung von Provisionskarriere, Wettbewerben etc.)**	**13.625 €**

Abbildung 2–8: *Die Rentabilitätsrechnung einer Investition in eine Halbtagskraft im Innendienst zeigt einen möglichen Überschuss an*

Wir ersehen hieraus, dass die Innendienstkraft vier Stunden täglich (also 20 Stunden wöchentlich) arbeitet. Für Ihre Termine benötigen Sie im Mittel zwei Stunden und erzielen pro Vertrag eine Abschlussprovision von 200 Euro. Ihre Innendienstkraft kostet 25 Euro in der Stunde und Sie haben einen Zusatzaufwand von 1.000 Euro für Arbeitsplatzkosten. Aufgrund dieser Simulation erzielen Sie einen zusätzlichen Ertrag von gut 1.130 Euro monatlich, weil Ihnen die Innendienstkraft ermöglicht, zwei zusätzliche Termine pro Tag wahrzunehmen. Diese Zeit hätten Sie ansonsten für verwaltende Tätigkeiten innerhalb Ihres Agenturbetriebes bzw. die Vor- und Nachbereitung von Kundenterminen aufwenden müssen.

Ob Sie Ihrer Innendienstkraft eine Bonifikationsbeteiligung zahlen, liegt natürlich in Ihrem Ermessen. Wir können dies im Sinne einer nachhaltigen Agenturentwicklung empfehlen, da Ihre Innendienstkraft so den Ertragsgedanken auch monetär spürt und dadurch in der täglichen Praxis präsent hat. Zudem dürfte das Zahlen einer Bonifikation am Jahresende auch die persönliche Bindung an Ihren Betrieb und Sie als Arbeitgeber erhöhen.

In der nächsten Rentabilitätsrechnung stellen Sie eine Vollzeitkraft für den Innendienst ein:

1. Berechnung des zusätzlichen Umsatzes:	
geplanter Arbeitseinsatz der Innendienstkraft	8 Stunden/Tag
Zeitaufwand/Kundenbesuch des Agenturleiters	2 Stunden
mögliche zusätzliche Termine/Tag	4 Termine
durchschnittliche Abschlussquote	50 % (= 2 zus. Abschlüsse)
durchschnittliche Abschlussprovision pro Vertrag	200 €
Hochrechnung des zusätzlichen Absatzes	400 Verträge
zusätzliche Provision	80.000 €
zusätzlich erwirtschaftete Bonifikationen	10.000 €
Hochrechnung des zusätzlichen Umsatzes	**90.000 €**
2. Berechnung des zusätzlichen Aufwandes:	
Monatsgehalt (40 Stunden/Woche)	4.000 €
Jahresgehalt	48.000 €
Arbeitgeberanteil Sozialversicherungen (RV, AL, KV, Pflege)	9.250 €
Arbeitsplatz- und Reisekosten	2.000 €
Aus- und Weiterbildung	1.000 €
ausgezahlte Abschlussprovision	keine
ausgezahlte Bonifikationen (25 %)	2.500 €
Gesamtaufwand:	**62.750 €**
3. Ertragsberechnung:	
Mehrumsatz abzgl. Gesamtaufwand: **(ohne Berücksichtigung von Provisionskarriere, Wettbewerben etc.)**	**27.250 €**

Abbildung 2–9: *Rentabilitätsrechnung einer Investition in eine Vollzeitkraft im Innendienst*

Ihre Innendienstkraft arbeitet nun 40 Stunden wöchentlich. Auch diese Innendienstkraft kostet Sie 25 Euro Stundenlohn plus Bonifikationen. Für Arbeitsplatz- und Reisekosten sowie Aus- und Weiterbildung entstehen mit insgesamt 3.000 Euro jährlich ebenfalls Mehrkosten gegenüber der Teilzeitkraft. Sie erwirtschaften durch die höheren Personalkosten einen Ertrag von knapp 2.300 Euro monatlich. Falls Sie keine zusätzlichen Einnahmen zum Beispiel aufgrund von Beständen haben, bedeutet das, dass Ihr monatlicher Verdienst deutlich unterhalb des Verdienstes der Innendienstkraft liegt. Die Anstellung einer Vollzeitkraft für einen Einpersonenbetrieb kann sich deshalb nur unter folgenden Voraussetzungen lohnen:

- Sie kaufen die Vollzeitkraft günstiger ein, zahlen ihr also weniger Stundenlohn.
- Ihre Innendienstkraft erwirtschaftet eigene Erträge durch Abschlüsse, die sie mit Kundengesprächen im Büro erzielt.
- Ihre Innendienstkraft nimmt Ihnen so viel Arbeit ab, dass Sie in der Lage sind, noch mehr eigene Termine wahrzunehmen.
- Weitere Stellschrauben sind das Erzielen einer höheren durchschnittlichen Provision Ihrerseits oder das Reduzieren des Zeitaufwandes pro Termin, wobei Sie diese Komponenten natürlich selber beeinflussen.

Weitere Personalkosten

In alle Kalkulationen sind bereits einbezogen:

- Arbeitgeberanteile an den Sozialversicherungsbeiträgen zur Renten-, Arbeitslosen-, Kranken- und Pflegeversicherung. Die genaue Höhe kann mit Brutto-Netto-Tools im Internet aktuell berechnet werden, die auch Bundesland, Alter und Kinderanzahl berücksichtigen, was sich auf die individuellen Beiträge für die verschiedenen Sozialversicherungszweige auswirken kann.
- Arbeitsplatz- und Reisekosten
- Kosten für Aus- und Weiterbildung

Nicht berücksichtigt wurden aufgrund der vergleichsweise geringen Aufwendungen:

- Beiträge für die gesetzliche Unfallversicherung: Sie sind vom Arbeitgeber alleine zu tragen und stellen eine Art Haftpflichtversicherung des Arbeitgebers für Unfälle und Berufskrankheiten dar. Ihre Höhe hängt von der Berufsgenossenschaft (Verwaltungs-Berufsgenossenschaft/VGB) und der dem Betrieb individuell zugeordneten Gefahrenklasse ab. Die Berechnung erfolgt immer rückwirkend für das abgelaufene Kalenderjahr. Neben dem Beitrag wird eine Lastenverteilung zwischen den verschiedenen Berufsgenossenschaften vorgenommen. Als Richtwert kann ein Beitrag von 7 Euro je 1.000 Euro Verdienst (jährlich) angenommen werden.

- Umlagen für die Entgeltfortzahlung im Krankheitsfall (U1) und bei Mutterschaft (U2): Aus der U1 erhalten Betriebe mit bis zu 30 Arbeitnehmern Zuschüsse für die Entgeltfortzahlung bei Erkrankung von Mitarbeitern. Die U2 ist wie eine Art Kaskoversicherung ohne Selbstbeteiligung für Mutterschaftsleistungen des Arbeitgebers zu verstehen. Die Höhe der Umlagen variiert je nach Krankenkasse. Setzen Sie hierfür bitte etwa zwei Prozent des Bruttolohns an (Minijobber 2014 = 0,7 % (U1) bzw. 0,14 % (U2).[3]
- Umlage U3 (Insolvenzgeldumlage):
Ausgleichsverfahren zur Finanzierung des Insolvenzgeldes (2014 = 0,15 %)
- weitere Sozialleistungen (z. B. vermögenswirksame Leistungen)
- Lohnsteigerungen und Bewirtungskosten

Sie sollten Ihre Mitarbeiter auch dann noch beschäftigen können, wenn es einmal nicht so gut läuft oder krankheitsbedingte Ausfälle zu verkraften sind. Jeder Mitarbeiter muss daher mittelfristig selber einen Vorverdienst erwirtschaften: einen Puffer für die Zeiten schaffen, wo er zeitweise nicht wirtschaftlich arbeitet. Als Faustregel kann hier das 1,3 bis 1,5-fache der Personalkosten als notwendiger Mehrumsatz angesetzt werden.[4] In unseren Simulationen ist das nur im ersten Fall ansatzweise gegeben. Daran wird erkennbar, dass der Agenturinhaber/Makler sich „nur“ eine Teilzeitkraft leisten kann bzw. an weiteren Stellschrauben (Wirkungsgrad, Umsatz, Zeitaufwand, Kosten) arbeiten muss, um die Rentabilität zu erhöhen.

Auf der anderen Seite wurden auch positive Entwicklungen der Provisionskarriere, die Erreichung zusätzlicher Bonistufen, Mehrauszahlungen aus Bonifikationsvereinbarungen oder anderen Vergütungen, die mehr Umsatz respektive Wachstum mit sich bringen, noch nicht berücksichtigt. Schließt die Innendienstkraft zum Beispiel auch selber Verträge ab, so ist ein ausreichender Puffer schnell erwirtschaftet.

3 http://www.lexware.de/mitarbeiter-und-gehalt/personalkosten-berechnen-wie-viel-kosten-meine-mitarbeiter

4 http://www.komma-net.de/unternehmen/artikel/personalkosten-schnell-und-einfach-kalkulieren

Möchten Sie einen Außendienstler einstellen, beeinflussen die tatsächlich abgeschlossenen Verträge die Rentabilität dieses Mitarbeiters wesentlich. Schauen wir uns zunächst die Rentabilitätsrechnung für einen angestellten Außendienstler an:

1. Berechnung des zusätzlichen Umsatzes:	
geplanter Arbeitseinsatz der Innendienstkraft	8 Stunden/Tag
Zeitaufwand / Kundenbesuch des Agenturleiters	2 Stunden
mögliche zusätzliche Termine/Tag	4 Termine
durchschnittliche Abschlussquote	50 % (= 2 zus. Abschlüsse)
durchschnittliche Abschlussprovision pro Vertrag	200 €
Hochrechnung des zusätzlichen Absatzes	400 Verträge
zusätzliche Provision	80.000 €
Bestandspflege durch zusätzlich aufgebauten Bestand des Außendienstlers	10.000 €
zusätzlich erwirtschaftete Bonifikationen	10.000 €
Hochrechnung des zusätzlichen Umsatzes	**100.000 €**
2. Berechnung des zusätzlichen Aufwandes:	
Monatsgehalt (40 Stunden / Woche)	2.000 €
Jahresgehalt	24.000 €
Arbeitgeberanteil Sozialversicherungen (RV, AL, KV, Pflege)	4.625 €
Arbeitsplatz- und Reisekosten	3.000 €
Aus- und Weiterbildung	1.500 €
ausgezahlte Abschlussprovision (50 %)	40.000 €
ausgezahlte Bonifikationen (50 %)	5.000 €
Gesamtaufwand:	**78.125 €**
3. Ertragsberechnung:	
Mehrumsatz abzgl. Gesamtaufwand: (ohne Berücksichtigung von Provisionskarriere, Wettbewerben etc.)	**21.875 €**

Abbildung 2–10: *Die Rentabilitätsrechnung einer Investition in einen angestellten Außendienstler zeigt den wirtschaftlichen Nutzen auf*

Positiv bei diesem Modell wirkt sich aus, dass sich Ihre Bestandspflegeprovision aufgrund des wachsenden Bestandes mit jedem Jahr der Tätigkeit des angestellten Verkäufers erhöht. Der Mitarbeiter selbst hat den Vorteil, ohne Bestand starten zu können und dennoch von Beginn an ein tragfähiges Auskommen zu haben. Möglicherweise können Sie einen Teil des unternehmerischen Risikos auf einen Versicherer übertragen, indem zum Beispiel eine Anschubfinanzierung in Form eines Zuschusses für die ersten beiden Tätigkeitsjahre gewährleistetet wird. Denn die tatsächliche Leistungsfähigkeit des Mitarbeiters ist für Sie im Unterschied zu Ihrer eigenen Arbeit schwieriger einzuschätzen. Für Sie als Betriebsinhaber liegt ein Vorteil darin, dass sich bei einem guten Verkäufer Ihr Umsatz deutlich erhöht und dadurch Provisionskarrieren, Wettbewerbe etc. leichter erreicht oder gewonnen werden können. Bei der Gestaltung des Vertrages besteht ein erheblicher Spielraum, was die Höhe der weitergegebenen Provisionen angeht. Diese können auch erfolgsabhängig gestaffelt oder ins Verrechnen gebracht werden. In unserem Beispiel haben Sie einen Mehrertrag von gut 1.800 Euro monatlich.

Noch attraktiver stellt sich die letzte Rentabilitätsrechnung für einen selbstständigen Außendienstler dar, zumal hier ebenfalls variable Möglichkeiten der Vertragsgestaltung bestehen:

1. Berechnung des zusätzlichen Umsatzes:	
geplanter Arbeitseinsatz des Außendienstlers	8 Stunden / Tag
Aufwand/Kundenbesuch	2 Stunden
mögliche Termine / Tag	4 Termine
durchschnittliche Abschlussquote	50 % (= 2 zus. Abschlüsse)
durchschnittliche Abschlussprovision pro Vertrag	200 €
Hochrechnung des zusätzlichen Absatzes	400 zusätzliche Verträge
erwirtschaftete Abschlussprovision durch den Außendienstler	80.000 €
Bestandspflege durch zusätzlich aufgebauten Bestand des Außendienstlers	10.000 €
zusätzlich erwirtschaftete Bonifikationen	10.000 €
Hochrechnung des zusätzlichen Umsatzes	**100.000 €**
2. Berechnung des zusätzlichen Aufwandes:	
monatliche Garantie (ohne Verrechnung)	1.000 €
jährliche Garantie	12.000 €
Arbeitsplatzkosten (anteilig)	1.000 €
Aus- und Weiterbildung	1.500 €
ausgezahlte Abschlussprovision (70 %)	56.000 €
ausgezahlte Bonifikationen (50 %)	5.000 €
Gesamtaufwand:	**75.500 €**
3. Ertragsberechnung:	
Mehrumsatz abzgl. Gesamtaufwand: (ohne Berücksichtigung von Provisionskarriere, Wettbewerben etc.)	**24.500 €**

Abbildung 2–11: *Rentabilitätsrechnung einer Investition in einen selbstständigen Außendienstler*

Die Garantie wurde nur halb so hoch wie das Gehalt des angestellten Verkäufers angesetzt, ist aber in diesem Beispiel nicht ins Verdienen zu bringen. Obwohl Sie als Unternehmensinhaber zwanzig Prozent mehr Abschlussprovision als beim angestellten Außendienstler weitergeben, fällt Ihr Ertrag mit gut 2.000 Euro monatlich noch etwas höher aus. Die Möglichkeit, seitens der Gesellschaft bei einer solchen Investition unterstützt zu werden, besteht auch hier. Dieses Modell stellt in unseren Augen für den Inhaber deshalb die attraktivere Variante dar, weil sein unternehmerisches Risiko geringer ist. In der Praxis wird es daher nach unseren Erfahrungen öfter und erfolgreicher angewendet. Allerdings bewegen wir uns in diesem Fall rechtlich nicht mehr im klassischen Unterstellungsverhältnis zwischen Arbeitgeber und Arbeitnehmer.

Mit diesen Investitionsberechnungen sah ich, dass sich ein neuer Mitarbeiter auch finanziell lohnen könnte. Die Rentabilitätsrechnung sollte für die Einstellung eines neuen Mitarbeiters jedoch nicht das einzige Kriterium sein, das herangezogen wird. Ich entschied mich aufgrund meiner Vorüberlegungen und unterstützt durch die Berechnung für eine Einstellung. Herr Peter kündigte dann an, dass es jetzt daran geht, das Profil zu schärfen.

In diesem Zusammenhang ließ ich mir von Herrn Peter genau erklären, welche weiteren Auswirkungen die Einstellung eines Mitarbeiters auf meinen sozialversicherungsrechtlichen Status hat. Ich hatte viel von der Diskussion um die Scheinselbstständigkeit gehört und war mir darüber im Klaren, dass ich nach der Gründung meiner Agentur die Befreiungsmöglichkeit in Bezug auf die Rentenversicherung in Anspruch genommen hatte, die aber nach drei Jahren auslief. Wäre ich durch die Einstellung nun weiter von der Rentenversicherungspflicht befreit?

Herr Peter erläuterte mir, dass ich als arbeitnehmerähnlicher Selbstständiger gelte, wenn ich überwiegend für eine Gesellschaft vermittle. Das ist bei Ausschließlichkeitsvertretern der Fall. Auch als Makler würde mich der Gesetzgeber als sozial schutzwürdig ansehen, weil ich selbst nicht Teil der von mir vermittelten Verträge wäre und trotz freier Arbeitszeitgestaltung nicht als Auftraggeber im sozialversicherungsrechtlichen Sinne (§ 2 Satz 1, Nummer 9, SGB VI) gelten würde.[5] Mit der Beschäftigung eines sozialversicherungspflichtigen Arbeitnehmers über der Geringfügigkeitsgrenze von monatlich 450 Euro könne ich mich nun aber weiterhin von der Rentenversicherungspflicht befreien lassen. Das gelte auch, wenn ich zwei Angestellte beschäftigen würde, die zusammen diese Grenze überschreiten. Keine Befreiungsmöglichkeit hätte ich also, wenn ich mich für einen selbstständigen Verkäufer entscheiden würde, für den überdies selber die Regelungen als arbeitnehmerähnlicher Selbstständiger gelten. Diese Variante der Vertragsgestaltung empfiehlt sich daher vor allem in den Betrieben, die von der Größe her noch weitere angestellte Mitarbeiter beschäftigen.

Das bestätigte das gute Gefühl mit meiner nun getroffenen Entscheidung. Die Befreiung von der Rentenversicherungspflicht sollte allerdings nicht den alleinigen Ausschlag geben, sich für die Anstellung eines Mitarbeiters zu interessieren.

5 http://www.apraxa.de/recht/handelsvertreterrecht/217/scheinselbstst%25C3%25A4ndigkeit_und_rentenversicherungspflicht_bei_versicherungsvermittlern

3 Klares Profil – Zukünftige Mitarbeiter bestimmen und suchen

3.1 Wen suche ich: Funktionsbeschreibung und Anforderungsprofil

Auf den heutigen Termin freute ich mich ganz besonders. Ich hatte zwar verstanden, dass die ganzen Fragen und Aufgaben im Vorfeld absolut sinnvoll und wichtig waren. Trotzdem war ich erleichtert, dass wir uns nun endlich mit meinem Hauptanliegen beschäftigen. Also begrüßte ich hoch motiviert Herrn Peter zu unserem heutigen Termin. Somit startete ich mit meiner ersten Frage, „Was werden wir denn heute konkret erarbeiten?". Herr Peter antwortete mir, dafür gäbe es verschiedene Bezeichnungen. Deshalb möchte er zu Beginn erst mal ein paar grundsätzliche Begriffe definieren.

Unsere Aufgabe heute ist, eine Funktionsbeschreibung und das dazugehörige Anforderungsprofil zu erarbeiten. In der Praxis werden in diesem Zusammenhang auch die Begriffe Stellenbeschreibung, Arbeitsplatzbeschreibung und Job Description verwendet. Diese drei Begriffe sind sozusagen Synonyme. Dabei gibt es bei der Funktionsbeschreibung und Stellenbeschreibung einen wichtigen Unterschied:

Die **Funktionsbeschreibung** ist eine Alternative zur Stellenbeschreibung: Funktionsbeschreibungen unterscheiden sich von Stellenbeschreibungen, dass sehr klar und speziell formuliert wird, was zu tun ist. Die Funktion kann sich ändern und deshalb kann diese Beschreibung auch verändert werden. Bei einer Stellenbeschreibung hat man häufig das Problem, dass Mitarbeiter sich bei verändernden oder zusätzlichen Aufgaben darauf berufen: „Das steht nicht in meiner Stellenbeschreibung."

Die Funktionsbeschreibung beschreibt die Ziele, die Aufgaben, die organisatorische Einordnung und die Kompetenzen/Befugnisse der auszufüllenden Funktion.

Herr Peter zeigte mir zusätzlich auf, dass die Funktionsbeschreibung nicht nur eine Papier- und Bleistiftübung ist. Sie hat einiges an Nutzen darüber hinaus:

- Die Funktionsbeschreibung beschreibt klar, was die Funktion für ein Ziel hat, welche Aufgaben, Entscheidungskompetenzen und Verantwortlichkeiten ausgeübt werden sollen.
- Sie dient als Vorlage für Anzeigen in Print- und/oder Onlinemedien für die Personalsuche.
- Für den Funktionsträger ist transparent, was erwartet wird.
- Die Funktionsbeschreibung bildet die Grundlage für den Kontakt mit Bewerbenden.
- Sie grenzt Aufgaben, Kompetenzen und Zuständigkeiten zwischen verschiedenen Funktionen eindeutig ab.

Herr Peter erläuterte mir anhand einer Vorlage für eine Funktionsbeschreibung die entsprechenden Elemente.

Funktionsbeschreibung

1.	Funktionsbezeichnung	
2.	Wem unterstellt	
3.	Wem überstellt	
4.	Vertretungsregelung Funktionsinhaber vertritt / Funktionsinhaber wird vertreten von:	vertritt bei Abwesenheiten: wird bei Abwesenheiten vertreten von:
5.	Ziel der Stelle	
6.	Aufgaben	Führungsaufgaben: fachliche Aufgaben: Sonderaufgaben:
7.	Vollmachten	Unterschriftsberechtigung Entscheidungskompetenzen
8.	Gehaltseinstufung	konkrete Angabe oder Rahmen
9.	Einarbeitung	Einarbeitungsplan Einarbeitungsdauer
10.	Aus- und Weiterbildung	
11.	Aufstiegschancen	

Abbildung 3–1: *Die Funktionsbeschreibung klärt den organisatorischen Rahmen, das Ziel, die Aufgaben und Befugnisse einer Funktion*

Die nächste Aufgabe war dann, dass wir zusammen für die von mir gesuchte Funktion Büroassistenz die Funktionsbeschreibung befüllten.

Beispiel: Funktionsbeschreibung Büroassistenz

1.	Funktionsbezeichnung	Büroassistenz
2.	Wem unterstellt	Die Funktionsinhaberin ist dem Agenturleiter unterstellt.
3.	Wem überstellt	Die Funktionsinhaberin ist keinen Funktionsträgern überstellt.
4.	Vertretungsregelung Funktionsinhaber vertritt / Funktionsinhaber wird vertreten von:	**Vertritt bei Abwesenheiten:** Die Funktionsinhaberin vertritt ihre Kollegin / ihre Kollegen während deren Abwesenheit / in allen Belangen / bei der telefonischen Erreichbarkeit /... **Bei eigenen Abwesenheiten wird sie vertreten von:** Die Funktionsinhaberin wird vertreten von ihrer Kollegin / ihren Kollegen während ihrer Abwesenheit / in allen Belangen /...
5.	Ziel der Stelle	Die Büroassistenz ist für die Sekretariatsaufgaben des Agenturleiters verantwortlich. Sie unterstützt ihn in administrativen und organisatorischen Belangen. Die einzelnen Aufgaben sind im Folgenden im Detail beschrieben.
6.	Aufgaben	**Führungsaufgaben:** keine **Fachliche Aufgaben:** Termine bearbeiten • Termine planen / vereinbaren • Termine vorbereiten (frühzeitige Absprache, was vorzubereiten ist [Anreise, gegebenenfalls Hotel, Einladung, Unterlagen, ...]) • Termine nachbereiten (Spesenabrechnung, Ergebnisse aus Terminen nachführen, Ablage, Protokolle schreiben, verteilen, ...) • Wochenplanung mit dem Vorgesetzten – einmal pro Woche wird die kommende Woche vorbereitet – im Sinne von was muss die Assistenz für die einzelnen geplanten Wochentermine vorbereiten. Idealerweise ist die Planung Freitag früh. So besteht die Chance Dinge, die am Montag gebraucht werden, noch am Freitagnachmittag zu beschaffen. • regelmäßig wiederkehrende Termine planen (Budgetplanung, Weihnachtsfeier, Mitarbeiteranlässe, Jahresauftaktveranstaltung, etc.) **Ablage** • strukturiert ablegen, sowohl das Papier als auch elektronische Dokumente • regelmäßig „ausmisten“

<table>
<tr><td></td><td></td><td>Support allgemein
• Unterlagen aus früheren Aktionen / Aufgaben / Projekten recherchieren; was kann sinnvoll eingesetzt werden
• Unterlagen zu wichtigen Kundenterminen / Aufgaben / Projekten zusammenstellen
• Internetrecherche zu vom Inhaber vorgegebenen Themen
• ggf. Intranetrecherche
• Präsentationen, Berichte aufbereiten
• Zahlen für die Gesellschaft aufbereiten
• Anfragen der Gesellschaften im Auftrag aufbereiten
• Unterlagen zusammenstellen und verteilen

Telefon, Fax, E-Mail als direkte Kontaktperson
• E-Mail des Inhabers vorsortieren: was kann er selber und was kann die Assistenz gleich erledigen
• Telefonbedienung, Kunden- und Interessentenanfragen entgegennehmen
• Zu definierten Servicezeiten eingehende Kontakte über oben genannte Medien entgegennehmen und innerhalb des vereinbarten Zeitraumes (z. B. innerhalb eines Tages) bearbeiten. Das heißt, das formulierte Anliegen zu beantworten. Für Kfz in den Privatsparten beantwortet die Büroassistenz die Anfragen in der Regel selbstständig. In Ausnahmefällen und im Gewerbebereich ist die Antwort: „Wir werden bis spätestens ... Ihr Anliegen konkret bearbeiten“.
• Bei dieser Ausnahme muss vorab abgeklärt werden, bis wann spätestens eine Bearbeitung erfolgt.
• mit dem Vorgesetzten offene, nicht selbstständig lösbare Anfragen bearbeiten

Begleitung bei Terminen
• bei wichtigen Gesprächen den Vorgesetzten begleiten und ihn administrativ unterstützen
• Räumlichkeiten planen
• Unterlagen, Material aufbereiten
• ggf. Protokoll schreiben
• Verpflegung für die Teilnehmer

Sonderaufgaben
keine</td></tr>
<tr><td>7.</td><td>Vollmachten</td><td>Unterschriftsberechtigung, Entscheidungskompetenzen

Die Vollmachten ergeben sich aus dem jeweils gültigen Kompetenzrahmen, der indirekt von den Gesellschaften vorgegeben wird.</td></tr>
<tr><td>8.</td><td>Gehaltseinstufung</td><td>je nach Qualifikation</td></tr>
<tr><td>9.</td><td>Einarbeitung</td><td>nach Einarbeitungsplan
Einarbeitungsdauer: wie Probezeit – 3 Monate</td></tr>
<tr><td>10.</td><td>Aus- und Weiterbildung</td><td>Die Aus- und Weiterbildung erfolgt in der Regel intern. Im Übrigen sorgt der Mitarbeiter selber für seine eigene Förderung.</td></tr>
<tr><td>11.</td><td>Aufstiegschancen</td><td>Büromanager</td></tr>
</table>

Abbildung 3–2: *Die Funktionsbeschreibung Büroassistenz zeigt klar auf, was die Funktionsinhaberin machen soll*

Nach dieser Aufgabe war ich erleichtert und hatte endlich den Überblick und die Klarheit gewonnen, die mir offensichtlich schon seit längerem fehlte.

Die Aufgabe, die Funktionsbeschreibung für die gesuchte Funktion angestellter Verkäufer im Außendienst auszufüllen, arbeiteten wir im Anschluss ab.

Beispiel: Funktionsbeschreibung Angestellter Verkäufer im Außendienst

1.	Funktionsbezeichnung	Angestellter Verkäufer im Außendienst
2.	Wem unterstellt	Der Funktionsinhaber ist, sofern vorhanden, dem Büromanager/Vertriebsleiter unterstellt, sonst dem Agenturleiter.
3.	Wem überstellt	Der Funktionsinhaber ist keinen Funktionsträgern überstellt.
4.	Vertretungsregelung Funktionsinhaber vertritt / Funktionsinhaber wird vertreten von:	**vertritt bei Abwesenheiten:** Der Funktionsinhaber vertritt seine Kollegin / seine Kollegen während deren Abwesenheit / in allen Belangen / bei der telefonischen Erreichbarkeit /... **Bei eigenen Abwesenheiten wird er vertreten von:** Der Funktionsinhaber wird vertreten von seiner Kollegin / seine Kollegen während deren Abwesenheit / in allen Belangen /...
5.	Ziel der Stelle	Der angestellte Verkäufer im Außendienst plant und führt persönliche Beratungsgespräche im Außendienst oder im Büro / Geschäft durch und bereitet diese nach. Er nimmt Kundenanfragen, Reklamationen und Schäden auf und bearbeitet diese. Die einzelnen Aufgaben sind im Folgenden beschrieben.
6.	Aufgaben	• Kunden akquirieren, beraten und betreuen • persönliche Verkaufsgespräche planen, durchführen und nachbereiten • Informationen über Versicherungsbedingungen, Leistungspakete, Tarife und geänderte Rechtsvorschriften einholen und aufbereiten • Weiterleitung von Anträgen an den Innendienst • Schadensmeldungen und Unfallberichte entgegennehmen • Kleinschäden begutachten, untersuchen, einschätzen und berechnen • Innendienstaufgaben, wenn entsprechende Mitarbeiter dafür nicht vorhanden sind • komplette selbstständige Angebotserstellung • Planung, Durchführung und Nachbearbeitung von Kundengesprächen im Außendienst oder im Büro • Aufnahme und Bearbeitung von Kundenanfragen und -reklamationen, Schadenanfragen und -reklamationen, Schäden
7.	Vollmachten	Unterschriftsberechtigung, Entscheidungskompetenzen Die Vollmachten ergeben sich aus dem jeweils gültigen Kompetenzrahmen, der indirekt von den Gesellschaften vorgegeben wird.
8.	Gehaltseinstufung	Grundgehalt plus anteilige Provisionen nach Geschäftsplan
9.	Einarbeitung	nach Einarbeitungsplan Einarbeitungsdauer: wie Probezeit – 6 Monate
10	Aus- und Weiterbildung	Die Aus- und Weiterbildung erfolgt in der Regel intern. Im Übrigen sorgt der Mitarbeiter selber für seine eigene Förderung.
11.	Aufstiegschancen	Büromanager / Vertriebsleiter / Agenturleiter

Abbildung 3–3: *Funktionsbeschreibung angestellter Verkäufer im Außendienst beschreibt klar den Auftrag*

Mit diesen Beschreibungen war mir jetzt klarer, welchen Auftrag der zukünftige Mitarbeiter erfüllen sollte. Es war zwar etwas mühsam so ins Detail zu gehen. Gleichzeitig war damit klar, dass ich das mit der bisherigen Mitarbeiterin gar nicht so klar besprochen, geschweige denn klare Abmachungen getroffen hatte.[6]

Anforderungsprofil

Herr Peter erläuterte mir anschließend die Bedeutung des **Anforderungsprofils**. Es beschreibt die Fertigkeiten und Eigenschaften, die eine Person mitbringen soll, damit sie erfolgreich die Funktion ausfüllt. Anforderungskriterien können mittels unterschiedlicher Verfahren (z. B. Arbeitsplatzanalyse oder Selbstaufschreibung des momentanen Funktionsinhabers) festgelegt werden. Das Vorgehen hängt von der Bedeutung der dazugehörigen Funktion bzw. Position ab. Grundsätzlich geht es in einem ersten Schritt darum, die für eine erfolgreiche Bewältigung der funktionsspezifischen Aufgaben relevanten Verhaltensweisen zu bestimmen. Folgende Fragen können hierbei zur Orientierung dienen:

- Welche Qualifikationsmerkmale zeichnen einen erfolgreichen gegenüber einem weniger erfolgreichen Mitarbeiter aus?
- Welche anspruchsvollen Situationen muss der Mitarbeiter in der Position bewältigen?

Im Rahmen der Personalsuche werden die eingegangenen Bewerbungen im Abgleich mit dem Anforderungsprofil für eine Vorauswahl selektiert. Dabei wird klar unterschieden: Es gibt bei einem Anforderungsprofil für eine bestimmte Funktion Kriterien, die ein potentieller Anwärter für diese Funktion bereits bei Funktionsantritt mitbringen **muss** und es gibt Kriterien, die im Laufe der Zeit weiterentwickelt werden **sollen**.

Für Bewerberinterviews helfen die Kriterien bei der Formulierung der dort zu stellenden Fragen. Sie definieren die Aspekte, über die der Interviewer im Gespräch mit dem Bewerber Informationen zusammentragen sollte.

Das Anforderungsprofil ist zweigeteilt. Zum einen werden im Anforderungsprofil allgemeine Anforderungen formuliert (z. B. Schulabschluss, Ausbildungen, Berufserfahrung). Zum anderen werden konkrete Anforderungen bezüglich der vier Kompetenzbereiche: Persönliche Kompetenz, Fachkompetenz, Selbstorganisation und Sozial-/Führungskompetenz beschrieben.

6 Im Folgenden sind in dieser Ausgabe im Anhang und auf der Homepage von www.vvw.de weitere Beispiele von Funktionsbeschreibungen als Basis für individuell zu erstellende Funktionsbeschreibungen angefügt.

Die allgemeinen Anforderungen lassen sich wie folgt gliedern:

1.	Schulabschluss	kein Abschluss Hauptschule Mittlere Reife Abitur	
2.	Ausbildung	Ungelernt Lehre Studium	
3.	erforderliche Berufserfahrung in Jahren		
4.	Spezielle Branchenkenntnisse erforderlich?	□ nein	□ ja, und zwar:
5.	Wenn Branchenkenntnisse gefordert, maximale Anzahl an Vorgesellschaften (z. B. in den letzten fünf Jahren)	□ nein	□ ja, und zwar maximal 2–3:
6.	Erforderliche Kenntnisse aus anderen Bereichen?	□ nein	□ ja, und zwar:
7.	EDV-Kenntnisse erforderlich?	□ nein	□ ja, und zwar:
8.	Führungserfahrung erforderlich	□ nein	□ ja, und zwar:
9.	Führerschein(e) erforderlich?	□ nein	□ ja, und zwar:
10.	sonstige Anforderungen, z. B.: • Reisebereitschaft • hoher Anspruch an sich selbst • Begeisterungsfähigkeit		

Abbildung 3–4: *Die allgemeinen Anforderungen definieren den Rahmen, den die Person mindestens mitbringen sollte*

Das **Kompetenzprofil** beschreibt für eine Funktion die konkreten Anforderungen zu den einzelnen Kompetenzbereichen. Die Kompetenzbereiche lassen sich z. B. folgendermaßen gliedern:

- die persönliche Kompetenz (den Umgang mit dem Ich),
- die Fachkompetenz (den Umgang mit Aufgaben),
- die Selbstorganisation (den Umgang mit Konzepten und Plänen) und
- die soziale Kompetenz (den Umgang mit anderen).
- Sofern es sich um eine Führungsfunktion handelt, kommen die Anforderungen an die Führungsfähigkeiten noch dazu.

Es gilt dann, für die einzelnen Kompetenzbereiche konkret Verhaltensweisen zu formulieren, die für diese Funktion relevant sind.

Verhaltensweisen, welche die Persönlichkeit kennzeichnen, sind z. B.:
Flexibilität und Initiative
• stellt sich schnell auf veränderte, neue Sachlagen ein • richtet die Arbeitsführung auf die neue Situation aus • reagiert bei akuten Problemen schnell und behält dabei die Übersicht • erkennt Aufgaben aus eigenem Antrieb und greift sie auf, ohne den Weg genau vorgezeichnet zu bekommen • hat den Mut, neue Wege vorzuschlagen • bildet sich selbstständig weiter
Auftreten
• spricht frei und offen • schreibt klar und kurz • ist sicher im Auftreten • tritt anderen Menschen offen gegenüber • ist diskret • lässt Gesprächspartner aussprechen • behandelt Informationen vertraulich • hört zu

Verhaltensweisen, welche die Fachkompetenz kennzeichnen, sind z. B.:
• hält Überblick über die Entwicklungen in der Branche und hat ein gutes Wissen über diese • denkt markt- und ergebnisorientiert • weiß über die Unternehmensorganisation Bescheid • hat Fachwissen über die eigene Tätigkeit • löst Aufgaben konsequent

Verhaltensweisen, die die Selbstorganisation kennzeichnen, sind z. B.:
Arbeitsqualität
• nutzt und setzt alle Organisationshilfen ein • plant die eigene Arbeit optimal • erkennt und kommuniziert eigene Fehler: Lernbereitschaft • braucht kaum kontrolliert zu werden • informiert Vorgesetzten umfassend und zeitnah

Arbeitsquantität
• erledigt Arbeit in vorgegebener Zeit • zeigt Ausdauer und Stetigkeit bei der Arbeit
Urteilsvermögen und Kontrolle
• erkennt Ziele und Notwendigkeiten • wählt neue Lösungswege nach ihrer Wirksamkeit und setzt sie ein • kontrolliert eigene Arbeitsergebnisse • setzt Prioritäten richtig • setzt Controllinginstrumente ein
Kostenbewusstes Handeln
• erreicht vorgegebene Ziele mit möglichst geringem Zeitaufwand • erkennt Verlustquellen und behebt sie • geht rationell mit Ressourcen um

Verhaltensweisen, welche die soziale Kompetenz und die Führungskompetenz kennzeichnen, sind z. B.:
Zusammenarbeit
• beteiligt sich an gemeinsamen Aufgaben • beschafft sachdienliche Informationen unter Ausnutzung aller Kommunikationswege • leitet Informationen exakt und schnell weiter • geht diskret mit vertraulichen Dingen um • merkt sich wichtige Gedanken in Gesprächen und knüpft nachher daran an • offene und ehrliche Zusammenarbeit mit Kollegen, Vorgesetzten • ist oben genannten Personengruppen gegenüber loyal • sachlicher Diskussionspartner
Zielorientiertes Arbeiten und Überzeugungskraft
• bildet sich eine eigene Meinung aufgrund von Fachkompetenz und stellt diese verständlich dar • überzeugt durch Argumente sowie durch Sprache und Auftreten
Führungsverhalten (nur bei Führungsaufgaben)
• führt zielorientiert • trifft Entscheidungen, die das Aufgabenziel erreichen • kann und will unfähige Mitarbeiter straff führen • vertritt Unternehmensentscheidungen bei seinen Mitarbeitern • steht bei Problemen Mitarbeitern offen zur Verfügung • berät Mitarbeiter bei Unsicherheit • gibt auch eigene Lieblingsaufgaben an andere ab • führt zielgerichtet Bewerberaktivitäten durch
Mitarbeiterentwicklung
• erkennt Leistungspotentiale der Mitarbeiter • fördert Mitarbeiter in ihrem Potential • nutzt das Potential seiner Mitarbeiter voll aus • gibt Mitarbeiter ab

Abbildung 3–5: *Das Kompetenzprofil beschreibt konkret, welche Verhaltensweisen die Person zeigen sollte*

Zu einer ersten Orientierung kann ein einfaches Schema dienen:

	Relevanz in meinem Betrieb	Spezifika meines Betriebes
Persönlichkeitskompetenz		
Fachkompetenz		
Methodenkompetenz (Selbstorganisation)		
Sozialkompetenz		
Führungskompetenz		
…		

Abbildung 3–6: *Das Schema definiert, welche Fertigkeiten besonders in meinem Unternehmen gebraucht werden*

Als nächstes ging es nun darum, für meine Personalsuche „Büroassistenz" und „Angestellter Verkäufer im Außendienst" die Anforderungsprofile zu erarbeiten.

Büroassistenz: Anforderungsprofil – allgemeine Anforderungen

1.	Schulabschluss	Mittlere Reife, wenn Hauptschulabschluss nur in Verbindung mit einer abgeschlossenen Ausbildung im Versicherungsgewerbe	
2.	Ausbildung	Lehre: Sekretariatsausbildung, alternativ Kauffrau/ Kaufmann für Versicherungen und Finanzen	
3.	erforderliche Berufserfahrung in Jahren	1–2 Jahre • Sekretariatserfahrung • Erfahrungen in der Organisation von sich selber und anderen • Terminplanung, Präsentationsvorbereitung, Protokollerstellung, Korrespondenz • professioneller Umgang mit Stress	
4.	Spezielle Branchenkenntnisse erforderlich?	☒ nein	☐ ja
5.	Wenn Branchenkenntnisse gefordert, maximale Anzahl an Vorgesellschaften (z. B. in den letzten fünf Jahren)	☒ nein	☐ ja, und zwar maximal 1 / 2 / 3:
6.	Erforderliche Kenntnisse aus anderen Bereichen?	☒ nein	☐ ja
7.	EDV-Kenntnisse erforderlich?	☐ nein • Erfahrung in der Nutzung von Bürosoftware • Grundkenntnisse in der gängigen Anwendungssoftware im Versicherungswesen • Erfahrung in der Nutzung von Internet und Intranet	☒ ja
8.	Führungserfahrung erforderlich?	☒ nein	☐ ja
9.	Führerschein(e) erforderlich?	☒ nein	☐ ja
10.	sonstige Anforderungen:	keine	

Abbildung 3–7: *Die Beschreibung der allgemeinen Anforderungen der Büroassistenz klärt, was gesucht wird*

Büroassistenz: Kompetenzprofil

	Soll-Profil				Bemerkungen
1. Persönliche Kompetenz	100 %	75 %	50 %	25 %	
• Flexibilität und Initiative	☐	☑	☐	☐	
• Auftreten	☐	☑	☐	☐	

2. Fachkompetenz	100 %	75 %	50 %	25 %	
• Versicherungen	☐	☐	☑	☐	
• Kundenbetreuung	☐	☐	☑	☐	
• Büroorganisation	☑	☐	☐	☐	

3. Selbstorganisation	100 %	75 %	50 %	25 %	
• Arbeitsqualität	☐	☑	☐	☐	
• Arbeitsquantität	☐	☑	☐	☐	
• Urteilsvermögen und Kontrolle	☑	☐	☐	☐	
• kostenbewusstes Handeln	☑	☐	☐	☐	

4. Soziale Kompetenz	100 %	75 %	50 %	25 %	
• Zusammenarbeit	☑	☐	☐	☐	
• zielorientiertes Arbeiten und Überzeugungskraft	☑	☐	☐	☐	

1. Persönliche Kompetenz
Flexibilität und Initiative
• stellt sich schnell auf veränderte und neue Sachlagen ein • richtet die Arbeitsführung auf die neue Situation aus • reagiert bei akuten Problemen schnell und behält dabei die Übersicht • erkennt Aufgaben aus eigenem Antrieb und greift sie auf, ohne den Weg genau vorgezeichnet zu bekommen • hat den Mut, neue Wege vorzuschlagen • bildet sich selbstständig weiter und setzt das Wissen gezielt in der eigenen Arbeit um
Auftreten
• spricht frei und offen • schreibt klar und kurz • tritt anderen Menschen offen gegenüber • ist sicher im Auftreten • geht diskret mit vertraulichen Dingen um • lässt Gesprächspartner aussprechen • behandelt Informationen vertraulich • hört zu

2. Fachkompetenz
Versicherungen
• kennt Versicherungsbranche und -sparten
Kundenbetreuung
• spricht Kunden freundlich und klar an • ist in der Lage, konkrete Kundenanfragen aufzunehmen, entsprechend weiterzuleiten und sorgt für deren Beantwortung • kann einfache Kundenanfragen direkt beantworten
Büroorganisation
• setzt Kenntnisse und Erfahrungen des Selbstmanagements ein • beherrscht Ablage • arbeitet sicher und zuverlässig mit Büroanwendungen • kennt Internet und Intranet • betreut eingesetzte Hardware im Büro • kann mit modernen Kommunikationsmitteln sicher umgehen

3. Selbstorganisation
Arbeitsqualität
• nutzt und setzt alle Organisationshilfen ein • erkennt und kommuniziert eigene Fehler: Lernbereitschaft • braucht kaum kontrolliert zu werden: kaum Zeitaufwand für Routineaufgaben • informiert Vorgesetzten umfassend und zeitnah
Arbeitsquantität
• erledigt Arbeit in vorgegebener Zeit • kaum Zeitaufwand für Routineaufgaben • zeigt Ausdauer und Stetigkeit bei der Arbeit
Urteilsvermögen und Kontrolle
• erkennt Ziele und Notwendigkeiten • wählt neue Lösungswege nach ihrer Wirksamkeit und setzt sie ein • kontrolliert eigene Arbeitsergebnisse • setzt Controllinginstrumente ein
Kostenbewusstes Handeln
• erkennt Verlustquellen und behebt sie • geht rationell mit Ressourcen um

4. Soziale Kompetenz
Zusammenarbeit
• beteiligt sich an gemeinsamen Aufgaben • beschafft sachdienliche Informationen unter Ausnutzung aller Kommunikationswege • leitet Informationen exakt und schnell weiter • merkt sich wichtige Gedanken in Gesprächen und knüpft nachher daran an • arbeitet offen und ehrlich mit Kollegen und Vorgesetzten zusammen • ist oben genannten Personengruppen gegenüber loyal • ist ein sachlicher Diskussionspartner
Zielorientiertes Arbeiten und Überzeugungskraft
• erreicht vorgegebene Ziele mit möglichst geringem Zeitaufwand • baut leicht Kontakte auf und pflegt diese nachhaltig • überzeugt durch Argumente sowie durch Sprache und Auftreten

Abbildung 3–8: *Das spezielle Kompetenzprofil der Büroassistenz beschreibt konkret, welche Kompetenzen in welchem Ausmaß mit welchen Verhaltensweisen erfüllt sein sollten und/oder sind*

Eines ist noch wichtig – das Profil kann unterschiedlich verwendet werden:

Im „Soll-Profil" wird definiert, in welchem Umfang ein Bewerber die einzelnen Aspekte erfüllen sollte, um die Funktion optimal ausüben zu können. Dabei bedeuten beispielsweise 75 %, dass im jeweiligen Aspekt drei von vier Unteraspekten erfüllt werden sollten.

Angestellter Verkäufer im Außendienst:
Anforderungsprofil – allgemeine Anforderungen

1.	Schulabschluss	Mittlere Reife	
2.	Ausbildung	abgeschlossene Berufsausbildung in der Versicherungsbranche	
3.	Erforderliche Berufserfahrung in Jahren	mindestens 1 Jahr Berufserfahrung	
4.	Spezielle Branchenkenntnisse erforderlich?	☐ nein maximal 2 Vorgesellschaften in den letzten 5 Jahren	☒ ja
5.	Erforderliche Kenntnisse aus anderen Bereichen?	☐ nein	☒ ja
6.	EDV-Kenntnisse erforderlich?	☐ nein Office oder Vergleichbares: Word, Excel, PowerPoint, Outlook	☒ ja,
7.	Führungserfahrung erforderlich	☒ nein	☐ ja
8.	Führerschein(e) erforderlich?	☐ nein	☒ ja
9.	Sonstige Anforderungen: • Reisebereitschaft • hoher Anspruch an sich • Begeisterungsfähigkeit	 ja ja ja	

Abbildung 3–9: *Die allgemeinen Anforderungen angestellter Verkäufer im Außendienst*

Angestellter Verkäufer im Außendienst: Kompetenzprofil

	Soll-Profil				Bemerkungen
1. Persönliche Kompetenz	100 %	75 %	50 %	25 %	
• Flexibilität und Initiative	☐	☑	☐	☐	
• Auftreten	☑	☐	☐	☐	
2. Fachkompetenz	100 %	75 %	50 %	25 %	
• Versicherungen	☑	☐	☐	☐	
• Kundenbetreuung	☑	☐	☐	☐	
• Fachgebiet	☑	☐	☐	☐	
3. Selbstorganisation	100 %	75 %	50 %	25 %	
• Arbeitsqualität	☐	☑	☐	☐	
• Arbeitsquantität	☐	☑	☐	☐	
• Urteilsvermögen und Kontrolle	☐	☐	☑	☐	
• kostenbewusstes Handeln	☑	☐	☐	☐	
4. Soziale Kompetenz	100 %	75 %	50 %	25 %	
• Zusammenarbeit	☐	☑	☐	☐	
• zielorientiertes Arbeiten und Überzeugungskraft	☑	☐	☐	☐	

1. Persönliche Kompetenz
Flexibilität und Initiative
• stellt sich schnell auf veränderte und neue Sachlagen ein • richtet die Arbeitsführung auf die neue Situation aus • reagiert bei akuten Problemen schnell und behält dabei die Übersicht • erkennt Aufgaben aus eigenem Antrieb und greift sie auf, ohne den Weg genau vorgezeichnet zu bekommen • hat den Mut, neue Wege vorzuschlagen • bildet sich selbstständig weiter und setzt das Wissen in der eigenen Arbeit um
Auftreten
• spricht frei und offen • schreibt fehlerfrei, klar und kurz • ist sicher im Auftreten • ist diskret • lässt Gesprächspartner aussprechen • behandelt Informationen vertraulich • hört zu

2. Fachkompetenz
Versicherungen
• kennt Unternehmen und dessen Geschäftsfelder • kennt Produkte und kann diese erläutern • kann mit Kundenanfragen und -reklamationen umgehen • kennt die Grundlagen der Schadenregulierung und kann diese anwenden
Kundenbetreuung
• akquiriert und berät Kunden • kommuniziert freundlich und klar • kann Anfragen im Privatkundengeschäft und einfachen Gewerbegeschäft direkt beantworten • betreut Kunden regelmäßig und nachhaltig
Fachgebiet
• hat vertiefte Fachkenntnisse in der Versicherungsbranche und den Privatsparten • kennt einzelne Versicherungsprodukte im Detail und kann diese erklären • kennt das Gewerbegeschäft • kann auch komplizierte Sachverhalte erklären

3. Selbstorganisation
Arbeitsqualität
• nutzt und setzt alle Organisationshilfen ein • erkennt und kommuniziert eigene Fehler: Lernbereitschaft • braucht kaum kontrolliert zu werden: kaum Zeitaufwand für Routineaufgaben • informiert Vorgesetzten umfassend und zeitnah
Arbeitsquantität
• erledigt Arbeit in vorgegebener Zeit • zeigt Ausdauer und Stetigkeit bei der Arbeit • steigert die Produktivität kontinuierlich
Urteilsvermögen und Kontrolle
• erkennt Ziele und Notwendigkeiten • wählt neue Lösungswege nach ihrer Wirksamkeit und setzt sie ein • kontrolliert eigene Arbeitsergebnisse • setzt Controllinginstrumente ein
Kostenbewusstes Handeln
• erreicht vorgegebene Ziele mit möglichst geringem Zeitaufwand • erkennt Verlustquellen und behebt sie • geht rationell mit Ressourcen um

4. Soziale Kompetenz
Zusammenarbeit
• beteiligt sich an gemeinsamen Aufgaben • beschafft sachdienliche Informationen unter Ausnutzung aller Kommunikationswege • leitet Informationen exakt und schnell weiter • geht diskret mit vertraulichen Dingen um • merkt sich wichtige Gedanken in Gesprächen und knüpft nachher daran an • arbeitet offen und ehrlich mit Kollegen und Vorgesetzten zusammen • ist oben genannten Personengruppen gegenüber loyal • ist ein sachlicher Diskussionspartner
Zielorientiertes Arbeiten und Überzeugungskraft
• bildet sich eine eigene Meinung aufgrund von Fachkompetenz und stellt diese verständlich dar • baut leicht Kontakte auf und pflegt diese nachhaltig • kann seine Gesprächspartner für sich einnehmen und begeistern • überzeugt durch Argumente sowie durch Sprache und Auftreten

Abbildung 3–10: *Kompetenzprofil Angestellter Verkäufer im Außendienst*[7]

7 Dieser Ausgabe und auf der Homepage vom Verlag Versicherungswirtschaft sind weitere Beispiele von Anforderungsprofilen analog zu den auf den vorherigen Seiten gezeigten Funktionsbeschreibungen als Basis für individuell zu erstellende Anforderungsprofile angefügt.

Eine Untersuchung der Firma Psychonomics zeigt bezüglich der Anforderungen an einen Versicherungsvermittler die folgenden wesentlichen Merkmale[8]:

- Eingangsvoraussetzung: mindestens mittleres Ausbildungsniveau (d. h. Schulabschluss mit Berufsausbildung)
- Dienstleistungsorientierung
- Leidenschaft für Beratung
- Leistungsbereitschaft und Flexibilität (Fleiß, Zeiteinteilung nach Kundenwunsch, gute Erreichbarkeit, Mobilität)
- Frustrationstoleranz und Optimismus (positives Denken, Stimmungsstabilität)
- Fachkompetenz als Selbstverständlichkeit
- soziale und psychologische Kompetenz (Menschenkenntnis, Empathie, Kontaktstärke, gute Ausdrucksfähigkeit)
- kommunikative Kompetenz und Beratungskompetenz (Ausdrucksfähigkeit, Analysekompetenz, Fähigkeit, sich auf Wissensstand des Kunden einzustellen und ihn zu überzeugen)
- Selbstmanagement (Selbstorganisation, Selbstmotivation, unternehmerisches Denken)
- Zuverlässigkeit und Pünktlichkeit

Eine unveröffentlichte Analyse der Entwicklung junger Agenturpartner im Exklusivvertrieb der AXA Versicherung AG durch die Projektgruppe der studentischen Unternehmensberatung Contact & Cooperation in der Region Würzburg bestätigt die Notwendigkeit folgender Kompetenzen im Anforderungsprofil:

- Interesse an kaufmännischer Tätigkeit
- hohe Beratungskompetenz, weniger verkäuferische Fähigkeiten
- Zähigkeit (Frustrationstoleranz / Kompetenz / Offenheit / Verbindlichkeit / Fleiß / Mut / Weiterbildungsfähigkeit / Wille / Durchhaltevermögen)
- soziale Komponente, „Alphatierchen“ sein (Vorreiterrolle, Meinungsbildner), emotionale Intelligenz, Interesse am Kunden

Die Erkenntnisse dieser beiden Untersuchungen sind in unserem Anforderungsprofil integriert.

Herr Peter erzählte mir aus seiner Praxis folgendes Beispiel: Ein Agenturleiter berichtete, wie die personelle Erweiterung um einen angestellten Verkäufer misslungen war, weil dieser zu wenig Eigenantrieb für die auszufüllende Position mitbrachte. Der Agenturleiter bot seinem neuen Angestellten im Außendienst zwar beste Voraussetzungen, sich in sei-

8 Psychonomics AG: Rekrutierungsstudie Versicherungsaußendienst, Traumberuf Versicherungsvermittler, http://cdn.yougov.com/de-pdf/PM_Traumberuf_VM_2008_2.pdf, Köln 2009

nen gut geführten Bestand einzuarbeiten. Er war aber nicht der Fleißigste, räumte familiären Erledigungen Priorität ein und musste auch immer wieder zum Telefonieren animiert werden. Vielmehr war er der Überzeugung, potentielle Neukunden allein mit Werbung und einem repräsentativen Außenauftritt über das Büro ansprechen zu können. Er hatte in einer Arbeitswoche selten mehr als sieben bis acht Termine vereinbart. Fielen dann noch ein oder zwei Termine unerwartet aus, kam der Mitarbeiter auf nur einen Kundenkontakt pro Tag, mit dem er sein Auskommen trotz verkäuferischen Geschicks nicht finanzieren konnte. Der Agenturleiter war überzeugt, dass dieser Mitarbeiter durch Fleiß und Hartnäckigkeit hätte mehr erreichen können.

Ausreichend Zeit in die vorbereitenden Arbeiten der Rekrutierung zu investieren, zahlt sich aus. Es kann damit für die Personalsuche wie auch für die Personalauswahl klarer und treffsicherer gearbeitet werden. Das klare Bild hilft sowohl in der Einarbeitungsphase wie auch im späteren Arbeitsalltag mit dem Mitarbeiter. Genauso erwarten potenzielle Bewerber in Anzeigen in erster Linie eine Tätigkeitsbeschreibung beziehungsweise ein klares Stellenprofil und Informationen zu den konkreten Anforderungen der Position. Wenn die Stelle dabei im Internet über eine Karriere-Website beworben wird, sind die Anforderungen noch höher, wie aus einer von Assekurata Solutions 2013 durchgeführten Studie zum Engpassfaktor Vertriebspartner hervorgeht.

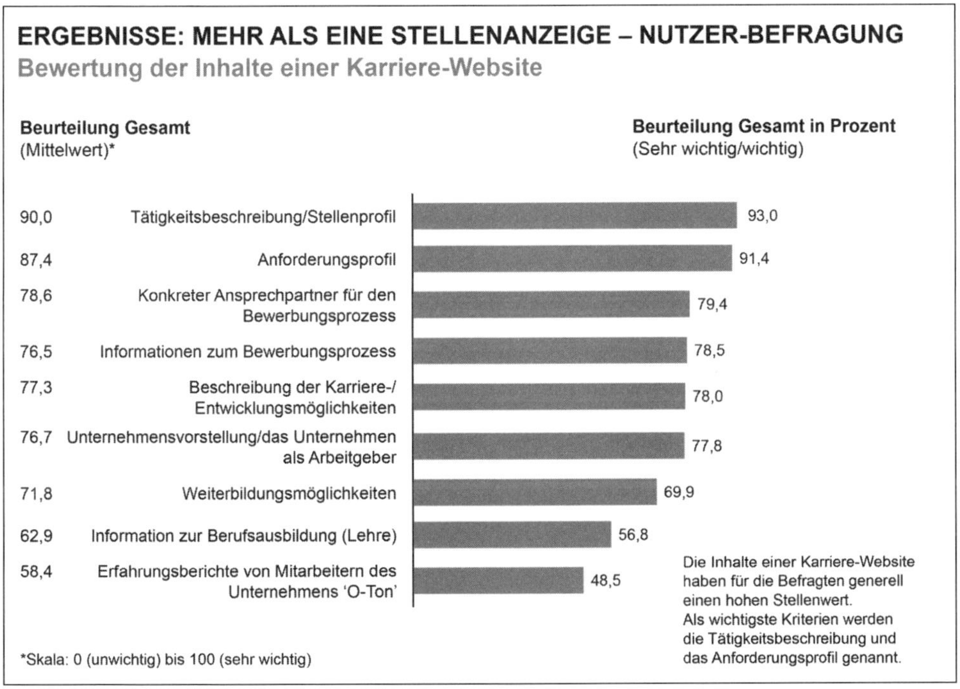

Abbildung 3–11: *Von einer Karriere-Website im Internet wird mehr als nur eine Stellenanzeige erwartet*

Die Studie zeigt, dass Versicherungsunternehmen mit ihren Stellenanzeigen überwiegend Branchenkenner ansprechen, während sie Branchenfremden den Arbeitsalltag im Versicherungsvertrieb nicht vermitteln. Aussagen zum Vergütungssystem und den Unterstützungsmöglichkeiten im Vertrieb kommen den Studienergebnissen zufolge ebenfalls zu kurz.[9]

Herr Peter meinte, die Erfahrungen bestätigen dies. Sie zeigen, dass Unternehmen sich fast ausschließlich auf die Ansprache von Kandidaten für den Außendienst konzentrieren, die bereits über Branchenkenntnisse verfügen. Recherche-Ergebnisse zeigen, dass es nur wenige ausformulierte Profile für Mitarbeiter in Agentur- oder Maklerbetrieben beziehungsweise potenzielle Vertriebspartner, die nicht aus der Branche kommen, gibt.

Auch eine Rekrutierungsstudie zum Versicherungsaußendienst von Psychonomics zeigt, dass Stellenbeschreibungen wie Anforderungsprofile häufig zu wenig konkret ausformuliert werden. Sie konzentrieren sich auf die Verdienstmöglichkeiten. Sie beschönigen den Alltag im Versicherungsaußendienst, was im Umkehrschluss dazu führen kann, dass potentielle Kandidaten sich nicht zur Bewerbung motiviert fühlen.[10]

9 Assekurata Solutions GmbH: Studie Engpassfaktor Vertriebspartner, Köln 2013, S. 8

10 Psychonomics AG: Rekrutierungsstudie Versicherungsaußendienst, Traumberuf Versicherungsvermittler, www.psychonomics.de/traumberuf-versicherungsvermittler, Köln 2009

3.2 Wo finde ich geeignete Bewerber?

Herr Peter erläuterte mir den Bewerbermarkt mit einer kurzen Analyse. Der Markt hat sich dramatisch verändert. Er wollte mich mit diesen Vorbemerkungen einfach sensibilisieren und damit die Wichtigkeit hervorheben, später bei der Bewerberansprache entsprechend professionell zu agieren.

Auf der einen Seite droht ein Fachkräftemangel durch die sukzessive Reduktion der erwerbsfähigen Bevölkerung (demografischer Wandel):

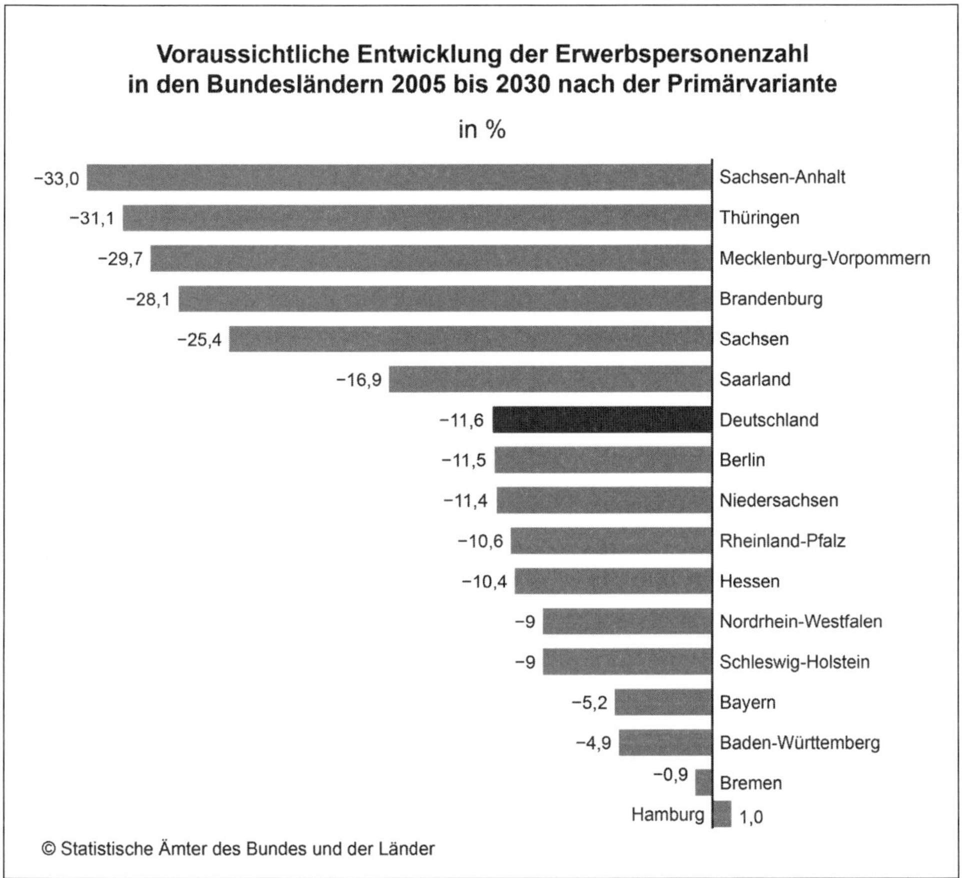

Abbildung 3–12: *Die zur Verfügung stehende Menge an potenziellen Mitarbeitern nimmt in den nächsten Jahren ab* [11]

11 Statistische Ämter des Bundes und der Länder (Hrsg.): Demografischer Wandel in Deutschland, Heft 4, Auswirkungen auf die Entwicklung der Erwerbspersonenzahl, Stuttgart 2009, S. 13

Andererseits formulieren heute Bewerber ihre Erwartungen an Beruf, Arbeit- oder Auftraggeber und Rahmenbedingungen sehr klar. Beispielsweise informieren sie sich vorab auf der Website über Ihren Betrieb, weshalb ein professioneller Internetauftritt auch für Agenturen und Makler zu einer Selbstverständlichkeit geworden ist.

Weiterhin spielt eine Rolle, aus welchen Gründen Menschen nach einer Tätigkeit – gerade im Versicherungsaußendienst – suchen. Menschen entscheiden sich für die Versicherungsbranche:

- wegen der Verdienstmöglichkeiten
- weil in anderen Branchen der Arbeitsmarkt überschwemmt ist und eine Affinität zum Versicherungsbereich besteht
- aufgrund der privaten Situation
- wegen entsprechender Vorbildung
- oder aber auch durch zufällige Entwicklungen.

Der demographische Wandel wird sich auf die Anforderungen an die Rekrutierung auswirken. Der Kommissionsbericht „Zukunft der Arbeitswelt – Auf dem Weg ins Jahr 2030“[12] der Robert-Bosch-Stiftung arbeitete sechs Dimensionen heraus, die künftig den Rahmen für den Arbeitsmarkt bilden werden. Für unser Thema sind die folgenden Dimensionen von entscheidender Bedeutung:

- Die Fachkräfte von morgen sichern
- Unternehmen: Starre brechen – Agile überleben
- Sozialpartnerschaft – Kooperation statt Konfrontation

12 Bettina Knauth: Versicherungsbranche feilt an besserem Image, veröffentlicht am 16. November 2013, Neue Presse Coburg, http://www.np-coburg.de/regional/wirtschaft/Versicherungsbranche-feilt-an-besserem-Image;art83481,2960115

Sicher kommt es hier auch auf die politischen Gegebenheiten, den Einfluss des Gesamtwirtschaftssystems und sonstige Begleitumstände an. Trotzdem ist es auch für Agenturen und Makler wichtig, ständig an der eigenen Konkurrenzfähigkeit zu arbeiten. Dazu gehört auch, sich auf die Ansprüche der heutigen jüngeren (Digital Natives) und künftigen Erwerbsgenerationen einzustellen, die sich von der Mehrzahl der aktuellen Arbeitgeber selber (Baby Boomer) deutlich unterscheiden:

Digital Natives	Baby Boomer
• Individuelle Orientierung. • Hohes Commitment, wenn die Tätigkeit Freude macht. • Abkehr von der Akzeptanz von Hierarchien. • Streben nach Work-Life-Balance. • Trend zur „sanften“ Karriere. • Aktiver Umgang mit Wahlmöglichkeiten und geringere Verweildauern. • Bewusstsein der Notwendigkeit von (lebenslangem) Lernen. • Kommunikation und Kooperation sowohl Face to face als auch virtuell. • Wunsch nach Aufmerksamkeit und Fürsorge. • Flexicurity als Leitbild.	• Akzeptanz von kollektiven Mustern. • Hohes Commitment, weil es zur Pflicht gehört. • Akzeptanz von Hierarchien und der Führung, weil sie legitimiert ist. • Arbeitsethos, Trennung zwischen Beruf und Privatleben. • Trend zur „vertikalen“ Karriere. • Lebenslange Loyalität, Entscheidung für´s Leben. • Lebenslange Reichweite der abgeschlossenen Berufsausbildung. • Präferenz für die Face to face Kommunikation und Kooperation. • Teil des „Kollektivs“. • Security als Leitbild.

Abbildung 3–13: *Die Studie zeigt deutlich die veränderten Bedürfnisse der jüngeren Generation*[13]

Selber Nachwuchs in Ihrem Betrieb auszubilden, stellt eine Variante dar, sich als Makler oder Unternehmeragentur von Mitbewerbern abzuheben. Als Arbeitgeber signalisieren Sie durch Ihre Ausbildereigenschaft soziale Kompetenz, die das Bewerbungsverhalten der Kandidaten positiv beeinflussen könnte. Durch die tägliche Zusammenarbeit mit einem jungen Menschen entwickeln Sie auch eine andere Sensibilität für die Bedürfnisse der neuen Erwerbsgeneration. Jeder Auszubildende bringt zudem ein eigenes soziales Umfeld ein, aus dem Sie Personal und/oder Kunden gewinnen können.

Bevor Sie mit der Nachwuchsakquise beginnen, sollten Sie sich aber klar machen, welches Ziel Sie mit der Einstellung eines Auszubildenden verfolgen und welche Perspektive Sie dem jungen Menschen nach dem Berufsabschluss tatsächlich bieten können. Ansonsten ist das Projekt von vornherein zum Scheitern verurteilt und verursacht Kosten, die anderweitig besser investiert gewesen wären. Häufig wird über diese langfristige Planung aber nur oberflächlich nachgedacht und auch keine Investitionsrechnung

13 Robert-Bosch-Stiftung GmbH: Die Zukunft der Arbeitswelt – Auf dem Weg ins Jahr 2030, Stuttgart 2013, S. 64. Originalquelle: Jutta Rump, Silke Eilers: Die jüngere Generation in einer alternden Arbeitswelt. Baby Boomer versus Generation Y, Verlag Wissenschaft & Praxis Dr. Brauner GmbH, Sternenfels 2012.

durchgeführt. Wir empfehlen, diese durchzuführen und auf der Basis die Entscheidung für oder gegen eine Ausbildung zu treffen. Je weniger Erfahrung Sie als Ausbilder mitbringen, desto ernsthafter sollten Sie diese Überlegung abwägen.

Viele Unternehmen unterstützen die Ausbildung von Kaufleuten für Versicherungen und Finanzen in Maklerbetrieben oder Agenturen durch eine oft großzügige finanzielle Beteiligung. Das könnte in einem kleineren Betrieb zu der Annahme verleiten, durch die Ausbildung eines jungen Menschen alle Personalprobleme zu lösen. Das ist jedoch ein Trugschluss: Ein Auszubildender ist als langfristige Investition zu sehen. Kurzfristig hält sich zwar der rein finanzielle Aufwand in Grenzen, doch die Betreuung der Nachwuchskraft in der Praxis bindet viel mehr Zeit als ein anderer Mitarbeiter in Anspruch nimmt. Die Ausrichtung an dem für das Berufsbild entwickelten Ausbildungsplan bringt einen hohen zeitlichen Aufwand mit sich. Nicht zu unterschätzen sind die organisatorischen Anforderungen, welche die Ausbildung durch die Kombination von Berufstheorie und Betriebspraxis stellt. Die praktische Begleitung ist auch inhaltlich anspruchsvoll, wobei teilweise die Gesellschaften das Coaching des Auszubildenden unterstützen.

Manchmal entscheiden sich Ausgebildete nach dem Abschluss doch für ein Studium und können damit personelle Zukunftspläne auf den Kopf stellen. Daher macht es Sinn, diesen Umstand mit Bewerbern für eine Agenturausbildung zu thematisieren und regelmäßig aufzugreifen, um sich vor Überraschungen zu schützen. Beim Thema Ausbildung braucht es also Sensibilität, die bei der Kandidatensuche beginnt. Viele qualifizierte Kandidaten ziehen größere Unternehmen als Ausbildungsbetrieb vor. Es kann gerade auch bei Auszubildenden passieren, dass kurz vor Start doch eine andere Stelle angetreten wird, weshalb Sie in der Zeit zwischen Vertragsabschluss und -beginn regelmäßig Kontakt zum künftigen Auszubildenden halten sollten (siehe Kapitel 5.3 Die Phase bis zum ersten Arbeitstag).

Egal, ob es sich bei der Suche um Auszubildende oder um Ausgebildete handelt, gibt es Möglichkeiten, geeignete Bewerber zu finden. Zunächst denkt man je nach Qualifikation entweder an die Arbeitsagentur, an Stellenanzeigen (niedrige bis mittlere Anforderungen) oder an Personalberater (Spezialisten, Führungskräfte). Gerade um jüngere Zielgruppen anzusprechen, ist Kreativität gefragt. Sich an den Zielgruppen zu orientieren, klare Botschaften zu senden und sich von anderen abzuheben, ist heute notwendiger denn je.[14]

14 Jörg Bruckmann (Hrsg.): Einstellungssache: Personalgewinnung mit Frechmut und Können: Frische Ideen für Personalmarketing und Employer Branding, Gabler Verlag, Wiesbaden 2013

Welche Kanäle nutzt die aktuelle Bewerbergeneration?

So ist es nicht überraschend, dass die Nutzung klassischer Print-Medien von unter 30jährigen hin zu den über 45jährigen zunimmt. Ältere Bewerber nutzen Online-Medien tendenziell weniger als Jüngere, wie eine Studie unter 2.500 Personalentscheidern und Kandidaten von Dr. Schmidt & Partner zum Thema Employer Branding zeigt[15]:

Recruiting-Kanal	U30-Gruppe	30–45 Jahre	Ü45-Gruppe
Print-Medien	52 %	66 %	78 %
Online-Medien	70 %	62 %	56 %
Karrierehandbücher	28 %	13 %	8 %

Abbildung 3–14: *Nutzungsverhalten bei der Suche nach Stellenanzeigen, differenziert nach Zielgruppen*

Bei der Nutzung der verschiedenen Kanäle zur Stellensuche ergab sich unter den Kandidaten die folgende Reihenfolge:

- Online-Stellenmärkte (91 %)
- Stellenmärkte in Print-Medien (79 %)
- Unternehmens-Websites (73 %)
- Soziale Netzwerke (61 %)
- Mundpropaganda (58 %)
- Suchmaschinen (44 %)

Weitere Kanäle können durch ihre geringe Anzahl von Nennungen als irrelevant bewertet werden. Das bedeutet, dass neben einer professionellen Stellenanzeige eine gepflegte Webpräsenz und gezielte Social-Media-Aktivitäten von großer Bedeutung sind. Der Wert der Mundpropaganda ist zudem nach wie vor nicht zu unterschätzen.

Differenzierter zu denken, scheint also auch bei der Personalgewinnung immer wichtiger zu werden. Dabei kann man sich als Arbeitgeber im Wettbewerb von Anderen abheben, indem bedarfsweise mit externer Hilfe gearbeitet wird. Die Investitionssumme für einen neuen Mitarbeiter bewegt sich erfahrungsgemäß zwischen einem halben und einem ganzen Jahresgehalt. Wer an dieser Stelle am eigenen hohen Einsatz oder professioneller Unterstützung spart, bezahlt dies später mit hohem Führungsaufwand. Die Erfahrung zeigt, dass es sich lohnt, im Bewerbungsprozess auf Klasse statt Masse zu setzen, um für überdurchschnittlich gute Mitarbeiter attraktiv zu erscheinen.

15 Dr. Schmidt & Partner Personalwerbung GmbH (Hrsg.): Studie „HR Marketing Channels", Die Zukunft von Recruting und Employer Branding aus Unternehmens- und Kandidatensicht, Studie, Hamburg 2010

Herr Peter gab mir einen Überblick über verschiedene Möglichkeiten der Personalsuche. Er machte deutlich, dass auch seine Erfahrungswerte einem steten Wandel unterliegen. Gleichzeitig gibt es regionale Unterschiede: was in einer ländlichen Region Erfolg hat, kann in der Großstadt weniger erfolgreich sein. In der folgenden Auflistung ist eine Suchmöglichkeit mit unserer Ansicht nach guten Erfolgsaussichten mit einem „+“ gekennzeichnet, eine Suchmöglichkeit mit geringeren Erfolgsaussichten mit einem „-“ versehen.

Anzeigen

- regionale Presse/Lokalanzeiger (+)
- Firmenzeitschriften (+)
- Fachzeitschriften (-)
- Aushänge (+)
- Plakate, Litfaßsäulen, Schautafeln (-)
- eigene Homepage (+)
- Social-Media-Kanäle: Facebook-Seite/XING-Profil/Twitter/Youtube (+)
- Onlinejobbörsen (+)
- eigener Newsletter (+)
- tagesaktuelle Fachnewsletter (-)
- für größere Unternehmen: Hörfunkspot (+)
- für größere Unternehmen: Spot im Lokalfernsehen, Kinowerbung (+)
- für größere Unternehmen: Doku-Soaps (+)

Externe Unterstützung

- Arbeitsagentur (-)
- Zeitarbeitsfirma (+/-, je nach Funktion)
- Personalberater und -vermittler (+)
- Standesorganisationen (+)
- Freelancer/Vertretungen (für kurzfristige oder übergangsweise Bedarfe) (+)
- Stellengesuche (-)
- Personalleiter von Firmen, die Personal abbauen müssen (+)

Events / Messen

- Fachmessen (-)
- Berufsorientierung (+)
- regionale Messen / Leistungsschauen von Gewerbevereinen (+)
- für größere Unternehmen: Vorträge an Universitäten (+)
- für größere Unternehmen: Firmenpräsentationen (+)

Direktansprache durch persönliche Kontakte

- Mitarbeitende intern weiterentwickeln (+)
- Kollegen aus anderen Bereichen (+)
- Empfehlungen durch eigene Mitarbeiter (+)
- Verwandte (+)
- Bekannte (+)
- ehemalige Mitarbeitende, Kollegen (+)
- Ruheständler (+)
- Wettbewerbsagenturen bzw. Mitarbeiter in diesen Agenturen (+)
- nebenberufliche Vermittler (+)
- Ansprache über Dritte (z. B. Steuerberater, Rechtsanwälte) (+)
- Kunden (Bestandsaktionen), Kundenkinder (+)
- Mitarbeiter aus dem Dienstleistungsbereich und / oder anderen Vertrieben (z. B. Einzelhandel, Gastronomie, Autohäuser oder Pharmazie) (-)
- Beschäftigte von Call-Centern (+)
- Handwerker (-)
- Bundeswehr (-)
- ehemalige Spitzensportler (+)
- Examenskandidaten schwer vermittelbarer Studiengänge (Theaterwissenschaften, Historiker etc.) (-)
- Studierende der Versicherungswirtschaft (+)
- insolvente Arbeitgeber bzw. deren Umfeld (+)

Bei der Bewertung wurde nicht nur berücksichtigt, ob die Aktivität geeignet ist, Bewerber zu gewinnen. Es wurde auch bewertet, welche Qualität diese im Geschäftsbetrieb mitbringen.

Die positivsten Ergebnisse bringt unserer Überzeugung nach die **Direktansprache**.

In der Zusammenarbeit mit Personalberatern ist es besonders wichtig, dass im Vorfeld der Suche die Funktionsbeschreibung und das dazugehörige Anforderungsprofil qualitativ gut ausgearbeitet werden. Dadurch wird die Personalsuche von extern professionell und erfolgreich bearbeitet. Klassische Kanäle wie die Arbeitsagentur oder Stellengesuche verliefen nach unseren Erfahrungen weniger erfolgreich. Die Direktansprache ist gegenüber Messen und Anzeigenformaten zudem als kostengünstige Variante einzuschätzen.

Auch mit Anzeigen ist nach unseren Erfahrungen nach wie vor erfolgreich zu akquirieren. Dies insbesondere dann, wenn man ein gewisses Maß an Kreativität einbringt. Selbstverständlich gelingt es durch die Nutzung moderner Kanäle wie Facebook oder Youtube, jüngere Bewerber anzusprechen. XING oder LinkedIn als Businessplattformen sind modern und ziehen selbst konservativere Menschen an, die früher ausschließlich Printanzeigen gelesen hätten.

Von ebenfalls guten Erfahrungen berichteten uns größere Unternehmen durch das Schalten von Fernseh- und Hörfunkspots, aber auch mit Anzeigen in Lokalformaten.

Herr Peter erzählte mir folgenden Fall: Ein Agenturleiter kontaktierte das örtliche „Käseblatt". Er schaltete mithilfe einer professionellen Beratung eine Anzeige, in der er eine halbtags beschäftigte Büroassistenz für seinen Agenturbetrieb suchte. Aus seiner Erfahrung heraus rechnete er mit fünf bis zehn Bewerbungen. Die Anzeige brachte mehr als 25 qualifizierte Bewerber. Motivationsschreiben enthielten den Hinweis, dass die Bewerbung über eine Empfehlung zustande gekommen war, die auf der lokalen Stellenanzeige basierte. Schließlich erkannte er in einer Bewerberin das Potential für eine selbstständige Verkäufertätigkeit. Die Bewerberin hätte von sich aus keine Unterlagen zu dieser Tätigkeit eingereicht und sie war nicht in Online-Stellenportalen unterwegs.

3.3 Stellenanzeigen: Online und Print

Herr Peter überzeugte mich, dass es für die Bewerberansprache sinnvoll ist, wenn ich zu meiner Suche eine konkrete Stellenanzeige habe. Die Anzeige muss professionell aufgebaut, gestaltet und formuliert sein. Diese Professionalität, respektive eben auch Unprofessionalität, nehmen potentielle Bewerbende, Mitbewerber, Kunden und Geschäftspartner wahr. Eine Stellenanzeige ist immer auch Marketing in eigener Sache und diese Außenwirkung darf nicht unterschätzt werden.

Rechtliche Probleme aufgrund des Allgemeinen Gleichstellungsgesetzes lassen sich bei der Beschaffung und Auswahl von Mitarbeitern verhindern. Niemand darf ausgeschlossen werden wegen:

- seines/ihres Geschlechts
- seiner/ihrer ethnischen Herkunft
- seiner/ihrer Weltanschauung
- seiner/ihrer Religion
- seines/ihres Alters
- seiner/ihrer sexuellen Identität oder
- einer Behinderung

Das bedeutet, dass die Anzeige oder Ausschreibung neutral formuliert sein muss (Geschlecht, Alter). Falls dies nicht beachtet wird, besteht das Risiko, dass ein Bewerbender sich benachteiligt fühlt und einen Schadensersatzanspruch einklagt. Im Zweifelsfall kann es hilfreich sein, Rechtsberater zu konsultieren. Im Folgenden ist deshalb eine Checkliste für das Erstellen von Inseraten angefügt:

I. Angaben zum Firmenprofil

1. Firmenlogo
2. großes, mittleres, kleines und/oder aufstrebendes Unternehmen, Branche, Zahl der Mitarbeiter
3. Stellung/Bedeutung innerhalb der Branche
4. Lage des Unternehmens (Großstadt, Kleinstadt, Landschaft)
5. Zukunftsaussichten bzw. -pläne
6. Begründung der Neubesetzung (Expansion, Ausscheiden des Vorgängers, neue Arbeitsprogramme etc.)

II. Angaben zur Funktion

1. genaue Bezeichnung der zu besetzenden Funktion
2. klare/umfassende Beschreibung des Tätigkeitsfeldes
3. Ziele, die es zu erreichen gilt
4. Verantwortung und Entscheidungskompetenzen
5. Entwicklungsmöglichkeiten

III. Erwartungen an den Bewerber

1. Schul- und/oder Berufsabschlüsse
2. Spezialausbildung (Fachberater/in für Finanzdienstleistungen; Versicherungsfachmann/-frau), Spezialkenntnisse, besondere Fähigkeiten, Fremdsprachen etc.
3. Berufserfahrung, Praxis in verwandten Bereichen
4. Belastbarkeit, Führungs-, Leistungs- und Koordinationsqualitäten, Auftreten
5. Teamfähigkeit, Anpassungsvermögen, Durchsetzungsfähigkeit, Verhandlungsgeschick

IV. Leistungen und Rahmenbedingungen

1. Teilzeit/Vollzeit, befristete/unbefristete Position, Aufstiegschancen
2. vorgesehene Dotierung, Zulagen, Gratifikationen, Prämien, Tantiemen
3. Weiterbildung
4. sonstige Leistungen wie Dienstfahrzeug, Kinderbetreuung, betriebliche Altersversorgung etc.
5. Umzugskostenbeteiligung, Mithilfe bei der Wohnungssuche,
sonstige Finanzierungshilfen
6. Arbeitszeitmodelle

V. Kontakt und Bewerbung

1. Kontaktperson für telefonische Auskünfte und Bewerbungsempfänger
2. Bewerbungsart (Briefpost, E-Mail, Bewerberportal, Kurzbewerbung, Homepage)
3. Umfang der Bewerbungsunterlagen (Lebenslauf, Lichtbild, Zeugnisse, Referenzen)
4. Wohnungs-/Gehaltswünsche
5. Eintrittstermin

Die Stellenanzeige ist der erste Kontakt von mir als Suchender zum potentiellen Bewerber. Je offener ich die Anzeige formuliere, umso mehr Resonanz werde ich erhalten. Es gilt, die Anzeige für potentielle Bewerbende attraktiv und interessant zu gestalten. Sogenannte Hingucker/Eyecatcher können durch das Firmenlogo, durch Fotos oder das Layout der Anzeige erzeugt werden. Dadurch erhält eine Anzeige mehr **Aufmerksamkeit**. Durch die konkreten Inhalte werden sich adäquate Bewerbende angesprochen fühlen. Die Bestandteile einer Stellenanzeige sind letztendlich unabhängig vom Kanal (Print, online), über den sie publiziert wird.

Konkretes Interesse wird in Anzeigen wie im Direktkontakt immer dann erzeugt, wenn Bewerber gezielt angesprochen werden. Sie erinnern sich bestimmt an das Bild: „The Army wants you!“. Das kann durch den Inhalt der Anzeige, die verwendete Sprache, aber auch die darin vermittelten Werte geschehen.[16]

In der Praxis werden heute für eine Suche **mehrere Kanäle** parallel genutzt. Ihr Unternehmen hat somit einfach mehr Chancen, von potentiellen Bewerbern wahrgenommen zu werden.

3.4 Die direkte Bewerberansprache

Bei potentiellen Kandidaten kann ich über eine allgemeine Ansprache wie z. B. über Anzeigen, Messeauftritte, Aushänge (siehe Kapitel 3.2 Wo finde ich geeignete Bewerber?) Interesse wecken. Die zweite Möglichkeit ist die direkte personalisierte Ansprache potentieller Kandidaten durch persönliche Kontakte. Diese Kontakte lassen sich unterscheiden in

- branchenerfahrene Kandidaten oder
- branchenfremde Kandidaten

Sie treffen mit Sicherheit in Ihrem täglichen Umfeld auf Personen, die zum Beispiel das Anforderungsprofil eines Verkäufers im Außendienst erfüllen würden. Ein zuvorkommender Kundenservice beim Einkauf im Fachhandel, kompetente Beratung beim Rechtsanwalt oder perfekter Service im Restaurant machen Sie auf besonders begeisternde und dienstleistungsfähige Menschen aufmerksam. Solche „Rohdiamanten“ gilt es, sofort und direkt anzusprechen, Kontakt zu halten, sich in Erinnerung zu bringen und sie mit den Vorzügen des Vertriebsaußendienstes vertraut zu machen. Als Argumente können dann leistungsorientierte Einkommenschancen oder die Vereinbarkeit von Beruf und Familie angesprochen werden. Bei der Direktansprache vereinbare ich idealerweise einen Folgetermin, bei dem weiterführende Informationen ausgetauscht werden. Zwischen Ansprache und Vertragsabschluss sind für alle Wege der Direktansprache zwischen einem Monat bis zu weit über sechs Monaten zu kalkulieren.

Branchenfremde können wie branchenerfahrene Bewerber auf allen hier genannten Wegen angesprochen werden. Entscheidend ist, das Gespräch inhaltlich auf die Zielperson abzustimmen und den nachfolgend skizzierten Gesprächsrahmen einzuhalten.

16 Thomas Necke: Milieuspezifische Bewerberansprache, veröffentlicht am 29. Juli 2013, HR-impulse, http://hrimpulse.wordpress.com/2013/07/29/milieuspezifische-bewerberansprache

Im Folgenden zeigte mir Herr Peter verschiedene Gesprächsleitfäden – für Branchenfremde wie auch Branchenkenner:

Die Ansprache Branchenfremder nach einem positiven Kontakt:

Stellen Sie sich zum Beispiel die eben erlebte Super-Beratung und umfassenden Service eines Verkäufers von Telekommunikationsgeräten vor:

- … Sie haben mich aber gerade klasse beraten, danke …
- … So eine freundliche Beratung habe ich lange nicht mehr erlebt, danke …
- … Sie sind mir durch Ihr Engagement sofort positiv aufgefallen …
- … Sie gehören sicher zu den Besten dieses Hauses …

Darf ich mich kurz vorstellen? Ich bin als … tätig und suche für die Erweiterung meines Unternehmens kompetentes Personal.

- … Wir sollten uns unbedingt über Ihre berufliche Perspektive unterhalten …
- … Ich möchte Ihnen ein interessantes Angebot für Ihre weitere berufliche Entwicklung machen …
- … Ich möchte Ihnen meinen Betrieb gerne näher vorstellen …
- … Ich habe gerade für Sie ein unschlagbares Angebot für eine interessante Tätigkeit mit Perspektive hier in dieser Region/Stadt …

Wann können wir uns zu einem Gespräch treffen?

- … Wann haben Sie eine halbe Stunde Zeit für mich …
- … Ich möchte Sie gerne in meinen Betrieb einladen …
- … Wann haben Sie Zeit für eine Tasse Kaffee mit mir …

Reaktion abwarten

Einwandbehandlung

Investieren Sie eine halbe Stunde Zeit, um

- … anhand von ausführlichen Unterlagen die Möglichkeiten Ihrer beruflichen Entwicklung zu besprechen
- … sich über unsere super Ausbildung zu informieren
- … sich über unsere leistungsgerechte Bezahlung und individuelle Entwicklungsmöglichkeiten zu informieren

Reaktion abwarten

Danach entscheiden Sie selbst, wie es weitergeht.

Was hindert Sie, mit mir das Gespräch zu führen?

Was kann ich tun, damit ich für Sie weiter interessant bin?

Warum wollen Sie diese Chance nicht nutzen?

Was spricht dagegen, dass wir uns einmal zusammensetzen?

Wann passt es Ihnen?

Die Ansprache branchenerfahrener Interessenten:

Guten Tag, mein Name ist ...

Ich bin als ... tätig und suche für die Erweiterung meines Betriebes kompetentes Personal.

- ... deswegen würde ich Sie gern einmal kennen lernen ...
- ... Ihre Agentur ist mir positiv aufgefallen und ich würde gern einmal den Unternehmer kennen lernen, der dahinter steckt ...
- ... Ihrer Agentur nach zu urteilen, muss hier ein erfolgreicher Unternehmer am Werk sein. Daher würde ich Sie gern einmal kennen lernen ...

Ich habe zurzeit freie Kundenbestände, die ich in professionelle Verantwortung übertragen möchte. Darüber möchte ich mich mit Ihnen unterhalten. Ich benötige ca. ½ Stunde Ihrer Zeit. Wann passt es Ihnen?

Reaktion abwarten

Einwandbehandlung:

- Wir sind doch Profis genug, um zu wissen, dass ...
- ... sich solche Entscheidungen nach einem persönlichen Gespräch besser treffen lassen ...
- ... loyale Partner die wertvollsten sind. Was spricht dagegen, sich diese geniale Chance einmal anzuhören/anzusehen?
- Was hindert Sie, mit mir das Gespräch zu führen?
- Was kann ich tun, damit ich für Sie weiter interessant bin?

Reaktion abwarten

Detailinformationen

Im Detail geht es um **Rahmenbedingungen**, die wirklich überdurchschnittlich sind! Durch meinen gut geführten Betrieb haben Sie **exklusive Zugangswege,** mit denen Sie einen leichteren Einstieg bei Firmen haben und dadurch deutlich **höhere Provisionseinnahmen** erzielen. **Bei uns geht es Ihnen richtig gut!**

Bei Bedarf weitere Detailinformationen:

- Sie werden in unserem Kundenkreis empfohlen.
- Neben attraktiven Kundenbeständen bieten wir auch überdurchschnittliche Provisionssätze und ein einfaches, transparentes Vertragsmodell.
- Was spricht dagegen, dass wir uns einmal zusammensetzen? Wann passt es Ihnen?

4 Bewerber kennen lernen

4.1 Der Bewerbungsprozess im Überblick

Zu Beginn gab mir Herr Peter zusammenfassend einen Überblick über den Bewerbungsprozess. Im Folgenden sind einzelne Elemente vertieft dargestellt.

Eingang der Bewerbung bestätigen

Jede eingegangene Bewerbung wird idealerweise innerhalb eines Tages dem Bewerbenden bestätigt. Da es heute üblich ist, dass in den Kontaktdaten des Bewerbenden eine E-Mail-Adresse angegeben ist, kann der Aufwand für eine Eingangsbestätigung minimal gehalten werden und er ist sehr einfach zu automatisieren.

Bewerbungen sichten und einschätzen

Die eingegangenen Bewerbungen werden auf Vollständigkeit und nach formalen und inhaltlichen Kriterien geprüft. Die Sichtung der Bewerbungsunterlagen verhilft dazu, einen Gesamtüberblick über alle Bewerbungen zu erhalten, sodass in einem ersten Schritt eine Einteilung in verschiedene Gruppen erfolgt. Die Gruppierung könnte wie folgt aussehen:

- Erste Wahl – Bewerbende, die auf jeden Fall zu einem Gespräch eingeladen werden sollten.
- Zweite Wahl – Bewerbende, die mit Einschränkungen für die zu besetzende Stelle in Frage kommen.
- Dritte Wahl – Bewerbende, die auf keinen Fall für die zu besetzende Stelle in Frage kommen.

Die Bewerbungsunterlagen werden mittels formaler sowie inhaltlicher Kriterien überprüft. Zu den formalen Aspekten gehört unter anderem die Vollständigkeit der Unterlagen (Anschreiben, Lebenslauf, Ausbildungszeugnisse, Arbeitszeugnisse, evtl. Arbeitsproben). Bei der Prüfung der inhaltlichen Aspekte schauen Sie, inwieweit der Bewerbende das zur Funktion vorliegende Anforderungsprofil erfüllt. Wir gehen auf die Bewertung der Unterlagen im folgenden Kapitel noch vertieft ein.

Eventuelle zweite Einschätzungsrunde der Bewerbungsunterlagen

Entweder können nun alle Bewerbenden, die als „Erste Wahl“ eingestuft werden, zu einem ersten Gespräch eingeladen werden. In der Regel sollten dies nicht mehr als fünf (in Ausnahmefällen maximal sieben Bewerber) sein. Falls sich nach der ersten Einschätzung der Bewerbungsunterlagen mehr als sieben Bewerbende in der Kategorie „Erste Wahl“ befinden, empfehlen wir, in einer zweiten Runde diese Kandidaten nochmals kritisch zu prüfen.

Telefonisches Interview

Dem ersten Bewerbungsgespräch kann ein telefonisches Interview vorgeschaltet werden, um sich einen kurzen Eindruck zu verschaffen oder vor der persönlichen Vorstellungsrunde noch einmal zu selektieren. Das bietet sich zum Beispiel an, wenn zu viele Kandidaten in die Kategorie „Erste Wahl" fallen.

Im Anhang haben wir für diesen Sonderfall – der heute unserer Beobachtung nach zunehmend zum Einsatz kommt – einen Leitfaden zur Verfügung gestellt (siehe Anhang 8.2 Telefonische Kontaktaufnahme mit dem Bewerber).

Erstes Bewerbungsgespräch

Ziel des ersten Bewerbungsgesprächs ist es, den Bewerbenden persönlich kennen zu lernen. Dabei werden Fragen und Unklarheiten angesprochen, welche sich aus der Analyse der Bewerbungsunterlagen ergaben. Wichtig ist, sich an dieser Stelle nicht von subjektiven Eindrücken blenden zu lassen, sondern die Bewerbenden anhand objektiver Kriterien einzuschätzen. Nachdem die Erstgespräche alle geführt sind, gilt es dann, eine Entscheidung zu treffen, wer weiterhin in der engeren Wahl bleibt und somit zu einem Zweitgespräch eingeladen wird.

Zweites Bewerbungsgespräch und/oder Probetag

Ziel des zweiten Bewerbungsgesprächs ist es, Details zu klären und den Bewerbenden im Rahmen von konkreten Aufgaben zu erleben. Die Frage, ob Sie bei der Personalauswahl ein oder zwei Bewerbungsgespräche führen, ist abhängig von der Bedeutung der Funktion und ein Stück weit auch Ansichtssache. Allgemein kann man sagen, dass je größer der Verantwortungsbereich einer Funktion ist, desto eher ist es hilfreich, zwei Gespräche zu führen. Je mehr Gespräche geführt werden, desto zuverlässiger wird das Urteil. Es zeigt sich, dass mit jedem Gespräch Bewerber unbefangener sind und das Klima entspannter wird. Da fällt es Einstellenden auch einfacher, kritische Fragen zu stellen.

Zusätzlich schlagen wir vor, dass der Bewerber zu einem „Probetag" eingeladen wird. Natürlich kann ein Bewerber sich auch verstellen. Aber alleine die Reaktion auf die Einladung (von einem Offensiven „ja gerne" bis zu „was soll ich da denn machen") vermittelt Ihnen einen weiteren subjektiven Eindruck. Optional kann man Bewerber mit negativen Erkenntnissen konfrontieren und prüfen, ob dieser Eindruck für einen selber stimmig ist oder Irritationen auslöst. Jedenfalls möchten wir Sie auch hier ermuntern, einfach einmal Dinge auszuprobieren und dann für sich prüfen, ob diese Methode Ihnen zusagt.

Beispielsweise (siehe die Checklisten zur Bordsteinkonferenz ab Kapitel 8.15) besteht im Vertrieb die Möglichkeit, gegenseitig Termine zu begleiten. In der Bordsteinkonferenz können dann die Eindrücke über das Kundengespräch mit den eigenen abgeglichen werden. Zugegeben: dies ist vielleicht etwas unkonventionell. Gleichzeitig ist aus unserer Sicht alles gerechtfertigt, was im Arbeitsalltag hilft und Ihre Entscheidung festigt.

Für Bewerbende im Innendienst besteht die Option, sich mit einfachen oder auch schwierigen Aufgaben möglichst nahe am Arbeitsalltag zu beschäftigen. Die Art und Weise, wie die Aufgaben angegangen werden, signalisiert Bereitschaft, Zurückhaltung, Lernfähigkeit bis zum Zugeben von Fehlern. Der Kontakt mit den zukünftigen Kollegen gibt beiden Seiten Hinweise, ob es passt. Die Rückmeldung eigener Kollegen kann Ihre Entscheidung festigen.

Absagen an alle nicht in Frage kommenden Bewerbenden

Hinsichtlich der Absagen gibt es zwei grundsätzliche Vorgehensweisen: Entweder sendet man die Absage direkt nachdem entschieden ist, dass dieser Bewerbende für die Funktion nicht in Frage kommt. Die andere Alternative ist, dass erst nach Abschluss des Bewerbungsprozesses alle, die keine Zusage und damit kein Angebot für einen Arbeitsvertrag bekommen, eine Absage erhalten. Bei der Formulierung der Absage ist genau darauf zu achten, dass sie AGG-konform ist, d. h. mit dem Allgemeinen Gleichbehandlungsgesetz[17] konform ist. Es versteht sich von selbst, dass eine Absage freundlich und höflich ausgesprochen wird. Gründe für eine Absage zu nennen, ist nach heutiger Rechtsprechung problematisch. Gegen Gründe kann geklagt werden und das sollte sich jeder ersparen. Natürlich ist es auch schwer, sich absolut zurückzuhalten, denn man will Bewerbern bei Ablehnungen ja auch Hinweise für bessere Chancen geben.

Um den Überblick über die eingegangenen Bewerbungen für eine neu zu besetzende Funktion zu wahren, können Sie sich eine Übersicht anlegen:

Vorname Name	**Status** • Eingang bestätigt / • Erstgespräch / • Zweitgespräch / • Arbeitsvertrag / • abgesagt	**1. / 2. / 3. Wahl**	**Eingangs-Datum der Bewerbung**	**Kanal (Online / Papier)**

Abbildung 4–1: *Ein Formblatt hilft, den Überblick über die Bewerbungen zu behalten*

17 Allgemeines Gleichbehandlungsgesetz (AGG), § 1, BGBl. I S. 1897, 1910 vom 14. August 2006

4.2 Die Bewerbungsunterlagen

Nachdem Herr Peter mir den Prozess dargestellt hatte, ging er vertieft auf die Bewerbungsunterlagen ein.

Die Bewerbungsunterlagen sind oftmals die erste Kontaktaufnahme des Bewerbenden mit Ihnen. Dabei gilt es auf der einen Seite, sich nicht von der „Verpackung" blenden zu lassen und auf der anderen Seite, die Realität zu erkennen. Die Bewerbungsunterlagen sind eine **Arbeitsprobe** und gleichzeitig die **Präsentationsmappe** des Bewerbenden. Dieser Sachverhalt ist allerdings noch längst nicht bei allen Bewerbenden angekommen. Es werden noch viel zu viele Bewerbungsunterlagen mit Tippfehlern, unpassenden Fotos oder fehlenden Inhalten losgeschickt.

Professionelle Unterlagen (Beispiel im Anhang) sind in einer Bewerbungsmappe geordnet, egal ob elektronisch oder via Postweg versandt. Dazu gehören:

- ein Deckblatt
- ein Anschreiben
- ein Inhaltsverzeichnis
- ein Lebenslauf, eventuell Foto
- Zeugnisse zur Ausbildung (Schule und Studium)
- Arbeitszeugnisse
- evtl. Arbeitsproben

Bei der Einschätzung der Unterlage muss man wissen, dass gute Unterlagen nicht zwangsläufig die Eigenleistung des Bewerbenden sind. Es gibt heute Dienstleister und Onlinetools, die Bewerbungsunterlagen generieren und professionalisieren. Das bedeutet, dass ansprechende Unterlagen keine endgültige Aussage über die Qualität des Bewerbenden geben. Vielleicht hatte der Bewerbende einfach nur gute Helfer.

Unprofessionelle Unterlagen geben jedoch einen Hinweis, wie genau der Bewerbende die Stellenanzeige gelesen hat. Es ist zum Beispiel ersichtlich, ob er sich derzeit auf viele Stellen bewirbt und/oder wie lange jemand z. B. schon auf der Suche ist. Manchmal vergisst der Bewerbende zum Beispiel das Datum im Lebenslauf zu aktualisieren.

Bewerber heben sich in elektronischen Bewerbungsverfahren nicht durch farbige E-Mail-Hintergründe, unprofessionelle E-Mail-Adressen, exotische Dateiformate oder riesige Anhänge (Riesen-PDFs) positiv ab. Vielmehr gilt es, Ihren Anforderungen zu entsprechen: aussagefähiger Betreff der Online-Bewerbung, sinnvolle Gliederung und Angabe von Kontaktdaten.

Beim Sichten der Bewerbungsunterlagen und Verschaffen eines Bildes über die Bewerbenden sind auf der einen Seite formale Kriterien zu prüfen und auf der anderen inhaltliche Aspekte zu durchleuchten. Auf dieser Basis gilt es zu entscheiden, ob Bewerbende für ein erstes persönliches Gespräch eingeladen werden.

Die folgende Checkliste führt eine Reihe von Kriterien auf, die für die Beurteilung von Bewerbungsunterlagen angewendet werden können:

Checkliste zur Analyse von Bewerbungsunterlagen	Vorhanden Ja
Formale Analyse	
Die Bewerbungsunterlagen sind sauber, ohne Tippfehler und machen den Eindruck, dass sie speziell für diese Funktion erstellt wurden.	☐
Die Bewerbungsunterlagen sind vollständig, das bedeutet sie beinhalten ein Deckblatt, ein Anschreiben (Motivationsschreiben), einen Lebenslauf, das Zeugnis des höchsten Bildungsabschlusses, Zeugnisse zur beruflichen Qualifikation und zu beruflichen Erfahrungen, evtl. sonstige Bescheinigungen wie Referenzen etc.	☐
Die Bewerbungsunterlagen sind übersichtlich angeordnet, befinden sich in einer logischen Reihenfolge, haben ein Inhaltsverzeichnis und ein Anlagenverzeichnis.	☐
Die Angaben in den Unterlagen und Zeugnissen sind ausführlich und geben einen differenzierten Überblick.	☐
Die Angaben im Lebenslauf sind logisch und verständlich – inhaltlich und zeitlich – aufgeführt. Lücken sind erläutert.	☐
Bisherige schulische und berufliche Stationen sind vollständig aufgeführt. Sie sind vom Aktuellen hin zur Vergangenheit geordnet.	☐
Die schriftliche Darstellung ist präzise, eindeutig und hat Aussagekraft.	☐
Inhaltliche Analyse	
Das Anschreiben ist strukturiert, ein roter Faden und die Motivation für genau diese Funktion sind erkennbar.	☐
Die Schulen wurden selten gewechselt bzw. Klassen wurden nicht oder fast nicht wiederholt.	☐
Die Berufsausbildung wurde ohne Unterbrechung oder unverständlichen Wechsel zu Ende geführt.	☐
Die Berufsausbildung wurde in der üblichen Zeit abgeschlossen.	☐
Gute Ergebnisse ziehen sich durch alle Abschlussbeurteilungen durch.	☐
Die Leistungs- und Interessenschwerpunkte sind differenziert und fachspezifisch.	☐
Bisherige Stellenwechsel waren nicht zu häufig bzw. zu kurzzeitig.	☐
Freiwillige Stellenwechsel wurden mit dem Ziel einer Verbreiterung der eigenen Erfahrungs- und Wissensbasis gemacht.	☐
Bei freiwilligem Stellenwechsel wurden verantwortungsvollere und stärker herausfordernde Tätigkeiten übernommen.	☐
Stellenwechsel aufgrund von Rationalisierung, Rezession oder unternehmerischen Veränderungen der bisherigen Arbeitgeber entsprechen der Wirklichkeit.	☐
Die bisherige berufliche Entwicklung ist durch eine positive Richtung geprägt und Entscheidungen wurden plausibel begründet.	☐

Abbildung 4–2: *Die Checkliste unterstützt die Auswertung der Bewerbungsunterlagen nach formellen und inhaltlichen Kriterien*

Bewertung von Bewerbungsunterlagen

Die Analyse der Bewerbungsunterlagen ergibt ein erstes Bild über den bisherigen Werdegang der Bewerbenden. Wenn einzelne Elemente wie beispielsweise Zeugnisse, Ausbildungserfolge und Arbeitsleistungen in Zusammenhang gesetzt werden, können zusätzliche Informationen gewonnen werden. Die Erkenntnisse, Schlüsse oder Unklarheiten aus der Analyse der Bewerbungsunterlagen werden dann bei den „Erste Wahl"-Kandidaten im Bewerbungsgespräch thematisiert.

Die Bewerbungsunterlagen können anhand folgender Aspekte in Bezug auf Vollständigkeit, Konsistenz und Umfang genauer untersucht werden:

		Bewertung			
Die Bewerbungsunterlagen		**+**	**0**	**–**	**Bemerkungen**
sind generell	vollständig übersichtlich angemessen ansprechend …				
Das Bewerbungsschreiben		**+**	**0**	**–**	**Bemerkungen**
enthält inhaltlich	Bezug auf die Stellenanzeige die wichtigsten Informationen über den Bewerbenden die Motive der Bewerbung …				
ist formal	klar übersichtlich logisch gegliedert sprachlich korrekt argumentativ überzeugend …				
ist sprachlich-stilistisch	einheitlich flüssig differenziert verständlich …				

Das Foto		+	0	–	Bemerkungen
gibt einen Eindruck zur	Selbstpräsentation Kleidung Frisur Körperhaltung …				
Der Lebenslauf		**+**	**0**	**–**	**Bemerkungen**
enthält	vollständige Personalien schulische Ausbildung berufliche Ausbildung Abschlüsse Auszeichnungen Weiterbildung berufliche Tätigkeit berufliche Fähigkeiten berufliche Erfahrung …				
gibt Aufschluss über	Herkunft soziales Umfeld Entwicklung der Persönlichkeit «Lebensmotto» Leitmotive Grundhaltung Werte Arbeitsplatzwechsel Kontinuität Beständigkeit Zeitlücken Erfahrungen …				
Die Ausbildungszeugnisse		**+**	**0**	**–**	**Bemerkungen**
geben Auskunft über	Fachwissen berufliche Weiterbildung und Entwicklung Prognose für die weitere Entwicklung …				

Die Arbeitszeugnisse		+	0	–	Bemerkungen
werden analysiert bezüglich	Gemeinsamkeiten der Zeugnisse roter Faden Übereinstimmung der Aussagen des Arbeitszeugnisses mit den persönlichen Aussagen der Bewerbenden bezüglich: – Sozialkompetenz – Selbstkompetenz Arbeitsaufgaben Arbeitsleistung Gründe für Stellenwechsel ...				
Das Einholen von Referenzen		**+**	**0**	**–**	**Bemerkungen**
ist geklärt	schriftliches Einverständnis ist vorhanden Auskunftspersonen sind bekannt				

Abbildung 4–3: *Eine strukturierte Einschätzung der Bewerbungsunterlagen erleichtert den Überblick*[18]

Die Analyse hilft, einen Gesamteindruck bezüglich der Bewerbungsunterlagen zu bekommen. Nach dieser Analyse habe ich noch keine konkrete Aussage, wie gut der Bewerbende tatsächlich zu meiner zu besetzenden Funktion passt. Es ergibt sich nur ein Bild, ob die Bewerbung vom Aufbau formal passt und wie der bisherige Lebenslauf des Bewerbenden aussieht.

Wenn nach dieser Analyse die Einschätzung überwiegend im grünen Bereich (mehrheitlich „+"-Bewertungen) liegt, macht es Sinn zu prüfen, inwieweit der Bewerbende die konkreten Anforderungen erfüllt. Je mehr die Bewerbung in den gelben Bereich (mehrheitlich „0"-Bewertungen) rutscht, umso überzeugender müssen die Anforderungen im Gespräch erfüllt werden. Ob Sie eine Bewerbung, die mehr im gelben Bereich eingeschätzt ist, für den weiteren Prozess berücksichtigen, hängt von Ihrer Risikobereitschaft und von den vorhandenen Alternativen ab.

Helge Weinberg spricht sich in seinem Persoblog dafür aus, eben nicht die Bewerber einzuladen, „die aufgrund ihres stromlinienförmigen Lebenslaufes von allen Unternehmen eingeladen werden"[19]. Wichtiger sei es, darauf zu achten, „wer wirklich zum Unternehmen und zur Abteilung passt". Er kommentiert damit den positiven Beitrag einer anonymen Rekrutierenden, die in Anlehnung an Hamburger Wohnungssuchende empfiehlt, nicht nur die Rosinen zu picken, um dann möglicherweise enttäuscht zu werden. Es gebe durchaus genügend verlässliche und leistungsbereite Bewerber aus der zweiten Reihe, die es sich genauer anzuschauen lohne, resümiert sie.

18 In Anlehnung an Hermann, Pifko (2002, S. 105–117) und Thom, Ritz (2000, S. 285–287)

19 Helge Weinberg: HR-Tauziehen: Was Recruiter von Hamburger Wohnungssuchenden lernen können, veröffentlicht am 6. April 2014, Helge Weinbergs Blog, http://blog.helge-weinberg.de/2014/hr-tauziehen-was-recruiter-von-hamburger-wohnungssuchenden-lernen-koennen/

Ein Abgleich der Bewerbungsunterlagen mit dem zur Funktion gehörenden Anforderungsprofil gibt detaillierte Auskunft, wie Bewerbende zu der Funktion passen. Diese Vorgehensweise empfehlen wir dringend, denn somit stellen Sie eine strukturierte, objektive und zielorientierte Vorgehensweise sicher. Zur Beurteilung von Bewerbungen für die Funktion Büroassistenz hier die dazu entsprechende Übersicht.

		Bewertung				
Kategorie	Anforderungen	+	0	–	./.	konkrete Angaben
Allgemeine Anforderungen						
	höchster Schulabschluss					
	Ausbildung					
	Berufserfahrung in Jahren					
	Gehaltswunsch					
	Bewerbungsunterlagen					
	Führerschein					
Fachliche Kompetenz						
	Erfahrung in der Versicherungsbranche					
	Erfahrung in der Kundenbetreuung					
	Ablage					
	Selbstmanagement					
	Büroanwendungen					
	Internet und Intranet					
	Büroinfrastruktur/Hardwarebetreuung					
Persönliche Kompetenz						
	Flexibilität					
	Initiative					
	Auftreten					
	Schreibstil					
Selbstorganisation						
	Organisationshilfen					
	Arbeitsqualität					
	Arbeitsquantität					
	Umgang mit Ressourcen, kostenbewusstes Handeln					
Soziale Kompetenz						
	Zusammenarbeit					
	zielorientiertes Arbeiten					
	Überzeugungskraft					

Abbildung 4–4: *Der Abgleich von Bewerbungsunterlagen mit dem Anforderungsprofil stellt die Passung sicher*

Durch den Abgleich der Bewerbungsunterlagen mit dem Anforderungsprofil im Sinne von passt (+), unklar (0), passt nicht (-) oder Einschätzung nicht möglich (./.) erhalte ich einen schnellen und strukturierten Überblick. Die Bewerber, bei denen die Anforderungen überwiegend im grünen Bereich (mehrheitlich „+“-Bewertungen) eingeschätzt werden, sollten auf jeden Fall zu einem Gespräch eingeladen werden. Die Punkte, die anhand der Unterlagen nicht eingeschätzt werden können bzw. diejenigen, die unklar bleiben, werden dann im persönlichen Gespräch geklärt.

Das Ergebnis der Analyse der Bewerbungsunterlagen ergibt:

- eine Gruppe mit Kandidaten, die Sie in einem ersten Durchgang zu einem Gespräch einladen – „Erste-Wahl-Kandidaten“,
- die zweite Gruppe halten Sie zurück, falls der erste Durchgang von Bewerbungsgesprächen erfolglos ist – „Zweite-Wahl-Kandidaten“,
- für die dritte Gruppe schreiben Sie eine Absage – „Dritte-Wahl-Kandidaten“.

Es gilt generell für alle Bewerbungsunterlagen, dass Sie vertraulich mit diesen Unterlagen umgehen. Das bedeutet, dass Sie

- nachdem Sie sie erhalten haben, ihren Eingang bestätigen,
- nachdem Sie sie nicht mehr benötigen, sie an den Sender zurückschicken.

Falls Sie eine Bewerbung für mögliche zukünftige Positionen in Ihren Unterlagen behalten wollen, dann ist es üblich und nach der aktuellen Rechtsprechung korrekt, dass Sie den Bewerbenden darum bitten. Sofern dieser Ihnen die Erlaubnis dazu schriftlich erteilt, sind Sie auf der sicheren Seite. Dies berücksichtigt die aktuelle Situation zum Datenschutz.

Für die erste Gruppe starten Sie nun die Vorstellungsgespräche. Wie Sie sich darauf vorbereiten und wie Sie diese durchführen, zeigen wir Ihnen in Kapitel 4.4.

Anmerkungen zum Foto

Es ist unklar, wie sich aufgrund des AGG die Bereitschaft der Bewerber entwickelt, Fotos in ihre Unterlagen einzubeziehen. In Untersuchungen werden Fotos zu ca. zehn Prozent als Auswahlkriterium angegeben. Gleichermaßen zeigt sich in Forschungsergebnissen immer wieder, dass Fotos diverse Täuschungseffekte haben (Weuster, 2012[20]). Sie sind deshalb nur beschränkt als Kriterium für eine Bewerbereinladung zu sehen. Jedoch geben Sie einen Hinweis darauf, wie der künftige Mitarbeiter sich nach außen hin präsentiert. Herr Peter übergab mir eine Checkliste, mit der ich meine Einschätzung zum Foto objektivieren kann:

• Porträtaufnahme, kein Passfoto (richtige Größe, keine Ganzkörperaufnahme, kein Fotoausschnitt) und kein Freizeitfoto	☐
• gut ausgeleuchtete Aufnahme, kein Glänzen auf der Stirn, etc.	☐
• dezenter Hintergrund, eher heller Hintergrund	☐
• Kleidung ist auf die Bewerbungsposition abgestimmt	☐
• keine Kleidung mit Motiven oder zu grellen Farben	☐
• freundliches Lächeln	☐
• Porträt-Farbfoto	☐
• aktuelles Foto	☐
• freies Gesicht, Blickkontakt mit dem imaginären Betrachter	☐
• seriöse, der Versicherungsbranche angemessene Kleidung	☐
• gepflegtes Erscheinungsbild	☐
• befestigtes, gescanntes oder eingearbeitetes Foto	☐
• Foto mit Namen und vollständiger Adresse	☐

Abbildung 4–5: *Checkliste Bewerbungsfoto*

Stefan Scheller hat in seinem Personalmarketingblog[21] den Zwiespalt zwischen Employer Branding und Authentizität in Bewerbungsfotos aufgegriffen. Für den DATEV-Karriereblog hatte er das Thema Homeoffice bearbeitet und neben der an die Zielgruppe angehender Azubis und Studenten angepassten Sprache auch ein zuhause (aus dem Bett heraus) aufgenommenes Foto ausgewählt.

Nun stellt das ein Extrembeispiel dar. Aber die Resonanz hat den Autor durchaus überrascht. Neben vielen kritischen Stimmen, die das Vorgehen für unprofessionell befanden und der Arbeit aus dem Bett heraus von vornherein den Wert absprachen, erhielt Scheller ein überragendes Feedback aus seiner Zielgruppe IT-affiner junger Menschen.

20 Arnulf Weuster: Personalauswahl I, Internationale Forschungsergebnisse zu Anforderungsprofil, Bewerbersuche, Vorauswahl, Vorstellungsgespräch und Referenzen, Gabler Verlag, Wiesbaden 2012

21 Stefan Scheller: Konformität oder Authentizität? – Selfie als Bewerbungsfoto?, veröffentlicht am 7. April 2014, Persoblogger.de, https://persoblogger.wordpress.com/2014/04/07/konformitat-oder-authentizitat-selfie-als-bewerbungsfoto/

Wir plädieren daher dafür, durchaus die oben genannten Kriterien zu berücksichtigen, aber dennoch auch Bewerbern eine Chance zu geben, die sich mit einem selbst aufgenommenen Foto präsentieren und damit ihre Authentizität zum Ausdruck bringen. Denn ein selbst aufgenommenes Foto bedeutet an dieser Stelle nicht gleich unvorbereitet oder unprofessionell, wie Scheller meint.

Spezialfall – Arbeitszeugnisse

In einem weiteren Schritt sind die Arbeitszeugnisse genauer zu betrachten. Gerade ihre Analyse kann wertvolle Hinweise über die Qualifikation und auch über die Person des Bewerbers geben. Ein vollständiges Zeugnis muss Auskunft über die Dauer und den Inhalt der Tätigkeit, die Beurteilung der Leistungen bei der beschriebenen Aufgabe, die Beurteilung der Führung im Unternehmen und über den Grund des Ausscheidens geben.

Drei Gesichtspunkte sind beim Lesen von Zeugnissen wichtig:

- Der **Zeitraum** der Beschäftigung: Durch Abgleich der Zeugnisse kann überprüft werden, ob der Tätigkeitsnachweis lückenlos ist. Tauchen Unterbrechungen oder undefinierte Zeiträume auf, muss dies noch kein Grund sein, einen Bewerber abzulehnen. Dennoch sollte im persönlichen Gespräch näher auf diese Zeiten eingegangen werden.
- Die **Art der Tätigkeit**: Bei vielen Positionen sind Titel und Tätigkeitsbezeichnungen irreführend. Das lässt sich an Beispielen aus dem Vertriebsbereich gut verdeutlichen: Ein Bewerber mag sich „Bezirksleiter“ nennen – im Zeugnis steht aber, dass er als „Einzelhandelsreisender“ beschäftigt war. Ein „Gebietsverkaufsleiter“ kann eine Führungskraft oder aber ein Oberreisender sein. Auch hinter dem Titel „Verkaufsleiter“ verbergen sich unterschiedliche Funktionen. Hier kann das Zeugnis Klarheit schaffen.
- Der **Ausscheidungsmodus**: Immer dann, wenn die Formulierung fehlt, der Mitarbeiter habe die Firma „auf eigenen Wunsch“ verlassen, kann man davon ausgehen, dass dem Betreffenden gekündigt wurde. Dies ist rechtlich geregelt. Auch die Floskel „in gegenseitigem Einvernehmen getrennt“ weist auf ein unfreiwilliges Ausscheiden hin. Dies ist die Basis für tiefergehende Fragen im Vorstellungsgespräch. Auch fehlende Wünsche für den weiteren Berufsweg bzw. kein Dankeschön für die geleistete Arbeit sind Indizien für ein Zerwürfnis zwischen dem ehemaligen Arbeitgeber und dem Bewerber.

Viele Missverständnisse entstehen im Zusammenhang mit den Formulierungen über die Beurteilung der Leistungen. Bei der Entschlüsselung kann ein Zeugniscode helfen. Allerdings warnen wir davor, ihn als allgemeingültig anzunehmen. Manchmal sind Formulierungen genauso gemeint, wie der Verfasser sie geschrieben hat und enthalten eben keine verdeckten Botschaften. Je größer die Firma des Ausstellers, desto eher ist allerdings anzunehmen, dass eine professionelle Personalabteilung das Zeugnis abgesegnet hat und es dem gängigen Code entspricht.

Falls **Fragen** bei Ihnen beim Lesen der Zeugnisse auftauchen, gibt Herr Peter folgende Hinweise:

- Nur sprechenden Menschen kann geholfen werden: Herr Peter meinte, es sei absolut empfehlenswert, den **früheren Arbeitgeber** (nach Rückversicherung mit dem Bewerber) anzurufen (siehe auch: Telefonische Referenz).
- Den Bewerber **direkt darauf ansprechen** und die Reaktion genau beobachten: defensive oder offensive Reaktionen geben Hinweise (Unsicherheit vs. Plausibilität).
- **Recherchen** zum Thema im Internet geben evtl. Hinweise auf die genauere Bedeutung.

Für das Lesen der Zeugnisse geben wir Ihnen in der folgenden Abbildung einen kleinen Überblick. Wir stellen allerdings fest, dass unterschiedliche Beschreibungen dazu existieren. Das bedeutet, dass die Formulierungen relativ zu nehmen sind.

Zeugniscode

Formulierung	Mögliche Aussage:
… hat die ihm übertragenen Arbeiten … … stets zu unserer vollsten Zufriedenheit erledigt … stets zu unserer vollen Zufriedenheit erledigt … zu unserer vollen Zufriedenheit erledigt … im Großen und Ganzen zu unserer Zufriedenheit erledigt	 sehr gute Leistungen gute Leistungen befriedigende Leistungen mangelnde Leistungen
… hat sich bemüht, die ihm übertragenen Aufgaben zu unserer Zufriedenheit zu erledigen	ungenügende Leistungen
… hat unseren Erwartungen entsprochen	schlechte Leistungen
… hat alle Aufgaben ordnungsgemäß erledigt	mangelhafte Initiative
… führte die ihm übertragenen Aufgaben mit großem Fleiß und Interesse durch	trotz Bemühens kein Erfolg
… hatte Gelegenheit, alle Aufgaben des Einkäufers zu erledigen	die gebotene Gelegenheit blieb erfolglos
… hatte den Blick für das Wesentliche	sehr gute Leistungen
… hatte persönliches Format	gute Leistungen
… kam mit seinen Vorgesetzten gut zurecht	befriedigende Leistungen
… wegen seiner Pünktlichkeit stets ein gutes Vorbild	mangelnde Leistungen
… hat sich im Rahmen seiner Fähigkeiten eingesetzt	beschränktes Leistungsvermögen
… zeigte für seine Arbeit Verständnis	Faulheit
… trug durch seine Geselligkeit zur Verbesserung des Betriebsklimas bei	„Betriebsnudel"; evtl. übertriebener Alkoholgenuss
… zeigt für die Belange der Belegschaft besonderes (umfassendes) Einfühlungsvermögen	„Schürzenjäger"?
… galt im Kollegenkreis als toleranter Mitarbeiter	Probleme mit Vorgesetzten
… wir lernten ihn als umgänglichen Kollegen kennen	Mangel an Personalführungsfähigkeit
… war sehr tüchtig und wusste sich gut zu verkaufen	unangenehmer Wichtigtuer
… war ein umgänglicher Kollege	Kollegen mochten ihn nicht
… moderne Möglichkeit: mit Fußlinie	Dieses Zeugnis ist uncodiert.

Abbildung 4–6: *Bei codierten Zeugnissen (die Regel) helfen die dazugehörigen Codes, die Bedeutung zu erfassen*

4.3 Woher bekomme ich Informationen?

Hintergrundinformationen können helfen, die in der Bewerbungsmappe gemachten Angaben auf anderem Wege abzugleichen und zusätzliche Informationen über die Motivation und Arbeitseinstellung des Bewerbers zu gewinnen. Für alle Bewerbenden, die anhand der Unterlagen als „Erste-Wahl-Kandidaten" eingestuft werden, lohnt es sich im Vorfeld zusätzliche Informationen zu beschaffen. Über Bewerbende, die als „Zweite-Wahl-Kandidaten" eingestuft wurden, weil zum Beispiel in den Unterlagen eher wenig Informationen gegeben wurden, lohnt es sich möglicherweise ebenfalls, sich die Mühe zu machen und online nach mehr Informationen zu suchen. Dazu bieten sich heute in der digital vernetzten Welt gute und viele Möglichkeiten.

Gemäß verschiedenen Untersuchungen recherchieren zwischen einem Viertel bis zu drei Vierteln aller Personalchefs über das Internet nach Hintergrundinformationen zu Bewerbern.[22] Im Fall von Empfehlungen nutzen Einstellende gerne das eigene Beziehungsnetzwerk.

Aussagen Dritter sollten dabei dosiert und nicht als alleinige Entscheidungsgrundlage angesehen werden. Es gilt, die gewonnenen Eindrücke zu stützen oder zu ergänzen. Das kann in der Einarbeitungsphase wertvoll sein, um den neuen Mitarbeiter schnell produktiv zu machen sowie anschließend motiviert zu halten und zu binden.

Bewerber scheinen vielen Unternehmen in Sachen Nutzung des Social Web um Einiges voraus zu sein.[23] Herr Peter sagte, seine Erfahrungen bestätigen dies, zumindest was die quantitative Nutzung des Internets und von Social Media für Bewerberaktivitäten anbetrifft. Genau deshalb macht es Sinn, sich über potentielle zukünftige Mitarbeiter auch online zu informieren. Obwohl Bewerber viel eher als Unternehmen Social Media als Personalmarketing-Instrument identifizierten und auch tatsächlich in größerem Umfang nutzen, begehen sie dennoch erstaunlich viele Fehler bei der Gestaltung ihres Auftrittes in Online-Netzwerken.

Auch Mogelei in der Bewerbermappe ist leider keine Seltenheit. Unternehmen beauftragen heute zum Teil Detekteien zur Überprüfung der Bewerbungsdaten. Eine Untersuchung zeigt, dass ca. 30 % der Unterlagen Unregelmäßigkeiten aufzeigen: Lebenslauf, Zeugnisse, Arbeitsnachweise, Beschäftigungsverhältnisse oder akademische Titel enthalten Fehler oder werden gar gefälscht.[24]

---

22 Karriere.DiePresse.com: Personaler überprüfen Hälfte der Bewerber im Internet, veröffentlicht am 11. Februar 2014, http://karrierenews.diepresse.com/home/karrieretrends/1561102/Personaler-uberprufen-Haelfte-der-Bewerber-im-Internet

23 Dr. Schmidt & Partner (Hrsg.): HR Marketing Channels, Die Zukunft von Recruting und Employer Branding aus Unternehmens- und Kandidatensicht, Studie, Hamburg 2010

24 Markus Schleufe: Mogelei in der Bewerbungsmappe, veröffentlicht am 11. November 2010, Zeit online, http://www.zeit.de/karriere/bewerbung/2010-10/schummeln-bewerbungen

Folgende Suchmaschinen können deshalb zur Sicherheit für die Recherche genutzt werden.

- www.google.de oder www.bing.de kennen alle. Sie sind kommerzielle Suchmaschinen.
- www.ecosia.de spendet einen Teil der Werbeeinnahmen für die Wiederaufforstung. Sie ist für einfache Suchen exzellent geeignet.
- www.lxqucik.de speichert die Adressen der Suchenden nicht und gilt daher als sichere Suchmaschine.

Sie suchen zum Beispiel einfach nach dem Vor- und Zunamen des Bewerbenden und erhalten dann möglicherweise Informationen darüber, dass die Person in einem Verein engagiert oder in einer berufsständischen Organisation tätig ist.

Viele Berufstätige sind auf sozialen Netzwerken zu finden. Nach heutigem Stand sind dazu folgende Netzwerke zu erwähnen:

- www.xing.com

  XING ist eine mehrheitlich deutsche Plattform. Sie ist ein soziales Netzwerk, in dem vorrangig berufliche und/oder private Kontakte zu anderen verwaltet und neue Kontakte gefunden werden können. Nutzer oder Unternehmen können ein eigenes Profil anlegen, Fachpersonal selber suchen, Stellenangebote einstellen, Veranstaltungen organisieren und sich an Diskussionen in Fachgruppen beteiligen.

- www.linkedin.com

  LinkedIn ist eine internationale Plattform und vergleichbar mit XING. Sie dürfte jedoch für unsere Zielgruppe weniger von Bedeutung sein.

- www.facebook.com

  Facebook wird überwiegend privat genutzt und von Vielen mittlerweile kritisch gesehen. Empfehlenswert Ist eine kurze Recherche von Bewerbern allemal. Wir selber sind immer wieder überrascht, wie viel Menschen von sich in einem Netzwerk preisgeben.

Während Facebook zu großen Teilen als private Plattform betrachtet wird, nehmen bei beruflichen Netzwerken im nationalen Kontext XING und auf internationaler Ebene LinkedIn führende Positionen ein.

Herr Peter riet mir, die Angaben in den Profilen der sozialen Netzwerke zu vergleichen (mindestens Facebook, XING, Google). Folgende Informationen kann ich dort mit wenig Aufwand schnell herausfinden:

- Stimmt der Lebenslauf mit den Angaben auf einem Profil z. B. bei XING oder bei Facebook, überein?
- Wie verbringt der Bewerbende seine Freizeit?
- Welche Interessen signalisiert der Bewerber durch seinen Onlineauftritt?
- Welche Art von Fotos, Kommentaren, Likes oder ähnlichem sind öffentlich zugänglich?
- Ist jemand sehr aktiv und passt das zu meinen Erwartungen oder sind seine Online-Aktivitäten einfach nur eine Visitenkarte?

Zusätzlich bekomme ich, zum Beispiel über Angaben im Profil, über Mitgliedschaften in Gruppen, Interessen und Vernetzung mit anderen Kontakten weitere Informationen und ein umfassenderes Bild über den Bewerbenden.

Hierzu können sich Arbeitgeber – ggf. als Privatperson – selber einen Account anlegen, was wir im Sinne von Wahrheit und Klarheit empfehlen möchten. Es ist aber auch möglich, eine andere Person zu bitten, die Recherche über deren Registrierung vorzunehmen.

Der Nutzungsgrad sozialer Netzwerke unterliegt Veränderungen. Hier gilt es, sich bezüglich neuer Trends auf dem Laufenden zu halten. Dennoch kann aktuell davon ausgegangen werden, dass viele Bewerber in einem der genannten Netzwerke wiederzufinden sind.

Gerade bei jüngeren Menschen stellt sich schon die Frage, inwieweit derjenige auf dem aktuellen Stand in Bezug auf Technik/Social Networking ist, wenn Sie online gar nichts über die Person finden.

Speziell bei Fotos erhalte ich ein Bild über eine Person, das mir sagt, wie viel Privates jemand öffentlich zur Verfügung stellt. Es gibt hier kein richtig oder falsch. Es geht einfach darum, dass ich im Vorfeld sagen kann „Ja, diese Art und Weise sich mitzuteilen, passt zu mir/meinem Unternehmen“ oder „Nein, etwas irritiert mich.“

- Wenn ich jemand bin, der eine solche große Öffentlichkeit nicht möchte, sollte ich das vorher über den Bewerber wissen und entscheiden.
- Wenn ich von sozialen Netzwerken begeistert bin und es für mich wichtig ist, diese zu nutzen, sollte ich wissen, ob der Bewerber dieselbe Einstellung hat. Möglicherweise, weil darüber z. B. schnell Infos getauscht oder Kontakte gepflegt werden können.

Selbstverständlich können irritierende Kommentare, Fotos oder Ähnliches auch im Bewerbergespräch thematisiert werden. Durchaus interessant sind dann die Reaktionen des Bewerbenden, die von defensiv bis überrascht variieren. Genauso wichtig ist uns die Frage, wie der Bewerber mit der Konfrontation mit ungeschickten Kommentaren umgeht. Dies ist ein kleiner Test im Umgang mit Kritik: kann er damit umgehen oder blockiert er, beschönigt er oder ignoriert er eine solche Kritik.

So eröffnet sich Arbeitgebern die Möglichkeit vorab herauszufinden, wie sich der Bewerber nach außen präsentiert, was er – ob im beruflichen wie privaten Kontext – von sich preisgibt, wie sich sein Umfeld und eigenes Netzwerk gestaltet und wie er sich gegebenenfalls auch über ehemalige Arbeitgeber äußert. Das ist vielfach anhand privater Äußerungen auf Facebook erkennbar, die manchmal erschreckende Ausmaße annehmen á la „morgen geht's wieder in den Horrorladen". Eine solche Aussage möchte wohl kein Arbeitgeber über sich im Internet verbreitet sehen. Es besteht aber zum Beispiel auf XING auch die Möglichkeit, Arbeitgeber zu bewerten oder genauso wie auf LinkedIn Referenzen und Empfehlungen auszutauschen. Zu diesem Zweck haben sich neben den genannten Portalen eigenständige Plattformen entwickelt, die aber für unser Ermessen (noch) keine entscheidende Rolle auf dem Bewerbermarkt spielen. Sie finden Sie mit dem Stichwort **„Arbeitgeberbewertung"** in den gängigen Suchmaschinen.

Wir empfehlen daher, sich auf den gängigen Plattformen umzusehen, und zwar aus den folgenden Gründen:

- Schutz vor unliebsamen Überraschungen, die auch ein noch so perfektes Bewerbungsverfahren nicht gänzlich ausschließen kann
- Abgleich der Bewerbungsunterlagen
- Signalisieren von Interesse an der Person des Bewerbers durch Kontaktaufnahme und zusätzliches Nachfragen
- Erweiterung des eigenen Netzwerkes auch im Falle eines (zum jetzigen Zeitpunkt) nicht erfolgreichen Bewerbungsverfahrens
- Hinweise für Einarbeitung und Personalbindung

Falls der Bewerbende bereits in seinen Unterlagen Referenzen genannt hat, fallen sie natürlich ebenfalls in diese Rubrik.

Aber Achtung: Fallen drohen, z.B. können Fragen nach Vermögensverhältnissen das AGG und das Datenschutzrecht (Familienverhältnisse, ethnischer Hintergrund oder sexuelle Identität) betreffen. Sie dürfen im Background-Check nicht ermittelt werden. Sammeln Sie nachweislich solche Daten über Bewerber im Internet, könnten Sie schadensersatzpflichtig werden.

4.4 Wie bereite ich mich auf das Bewerbungsgespräch vor?

4.4.1 Das Interview planen

Um gut vorbereitet in das Interview einsteigen zu können, ist eine umfassende Interviewplanung notwendig. Als erstes sollten allgemeine Fragen zu Funktion, Bewerber und Ablauf des Interviews geklärt und notiert werden. Im Folgenden werden Fragen aufgezeigt, welche im Vorfeld geklärt werden können:

Fragen zur Funktion:

1. Für welche Funktion bewirbt sich dieser Kandidat?
2. Was sind die kritischen Punkte dieser Funktion?
3. Was sind die unabdingbaren Voraussetzungen für diese Funktion?
4. Was sind die Sollanforderungen für diese Funktion?
5. Was sind wünschenswerte Qualifikationen, die der Bewerber mitbringen sollte?
6. Wie viele geeignete Bewerber sind für diese Funktion bereits vorhanden?
7. Wie ist die Gehaltsstruktur der bereits bei uns arbeitenden Kollegen?

Fragen zum Bewerber:

1. Welche Informationen liegen bereits über den Bewerber vor?
2. Welche Fragen ergeben sich aus diesen Informationen?
3. Welche Informationen liegen nicht vor?
4. Welche Zusatzinformationen werden benötigt?
5. Ist der Bewerber aufgrund der vorliegenden Informationen eher geeignet oder eher ungeeignet?
6. Welche Motivation hat der Bewerber wahrscheinlich?

Fragen zum Ablauf:

1. Für wann ist der Bewerber eingeladen?
2. Wer soll außerdem an diesem Interview teilnehmen oder ein Abschlussinterview durchführen?
3. Sind Störungen ausgeschlossen (durch Telefon, Kollegen, Kunden)?
4. Sind Unterlagen vorhanden (vollständige Bewerbungsunterlagen, aber auch Informationsbroschüren, Mustervertrag etc.)?
5. Ist der Interviewraum optisch einwandfrei hergerichtet?
6. Was muss mit dem Bewerber im Anschluss an das Interview geschehen?
7. Sind Termine für die Zweitinterviews geplant und organisiert?

Mit etwas Übung werden Sie schnell erkennen, ob sich auch der Bewerber intensiv auf das Gespräch vorbereitet hat. Ist das der Fall:

- hat er die grundlegenden Informationen über Sie und die Stelle parat,
- hat er sich seine Motivation und Eignung für die Position klargemacht,
- kann er seine Stärken und Schwächen darstellen und mit Beispielen belegen,
- schildert er nicht nur einen Minuspunkt, sondern auch wie er damit umgeht,
- stellt er Fragen und hakt bei Unklarheiten nach.

4.4.2 Checkliste – Was wollen Bewerber wissen?

In einem weiteren Schritt der Interviewplanung sollten alle Details der Stelle und der Anstellungsbedingungen geklärt werden, so dass man auf allfällige Fragen des Bewerbers gut vorbereitet Auskunft geben kann. Herr Peter hat mir eine minimale Checkliste mit Fragen zusammengestellt, die ich vor dem Interview zur Vorbereitung nutzen kann.

Im Anhang finden Sie eine sehr ausführliche Fragenliste (**Fragen, die ein Bewerber stellen kann/soll**) als vertiefende Hilfe für Ihre Vorbereitung.

Sie kreuzen im Folgenden jeweils an, was Sie zur Verfügung stellen:

Checkliste: Was wollen Bewerber wissen	Ja
Stellen- oder Funktionsbeschreibung	☐
klares Unterstellungsverhältnis	☐
Was sind genau die Aufgaben?	☐
Erwartungen an das Erfüllen der Aufgaben und die Person	☐
klare Kompetenzabgrenzung deckungsgleich mit Verantwortung	☐
Einarbeitungsplan	☐
Arbeitsplatz: Wo ist er und wie sieht er aus?	☐
Leistungsbeurteilung wird genutzt	☐
Arbeitszeiten, Entgelt, Vertrag, Urlaubsanspruch, Urlaubsplanung	☐
leistungsbezogenes Entgelt	☐
Förderungsmöglichkeiten	☐
Entwicklungsmöglichkeiten	☐
Fortbildungen	☐
Kennenlernen des Vorgesetzten und der direkten Kollegen	☐
Fluktuation im Betrieb, evtl. Fragen zum Vorgänger	☐
Aussichten des Unternehmens	☐
Wann kann ich anfangen?	☐

Abbildung 4–7: *Eine gute Vorbereitung auf die Fragen des Bewerbenden macht einen professionellen Eindruck*

4.5 Das Bewerbungsgespräch: Variantenvielfalt ist wichtig

4.5.1 Interviews – Unstrukturiert, halbstrukturiert, ganz strukturiert

Wenn Sie ein Interview durchführen, haben Sie verschiedene Vorgehensmöglichkeiten. Es liegt bei Ihnen, ob Sie eher unstrukturierte Gespräche führen oder auf strukturierte Interviews zurückgreifen. Im Folgenden werden Ihnen die Vor- und Nachteile der Varianten aufgezeigt:

Unstrukturiertes Gespräch:

Der Interviewer hat keine im Vorfeld überlegten offenen Fragen und das Gespräch entwickelt sich spontan.

Vorteile	Nachteile
• man erlebt den Probanden in seiner Gesamtheit (nicht nur, was er erzählt, sondern auch wie er es erzählt)	• fehlende direkte Vergleichsmöglichkeit • ist zeitaufwändiger, anstrengender • Auswertung ist mühsam und aufwändig • Forschungsergebnisse zeigen eindeutig, dass diese Art von Interview zu vielen irrelevanten Inhalten im Gespräch führt*
Fazit: grundsätzlich nicht zu empfehlen	

** Arnulf Weuster: Personalauswahl I, Internationale Forschungsergebnisse zu Anforderungsprofil, Bewerbersuche, Vorauswahl, Vorstellungsgespräch und Referenzen, Gabler Verlag, Wiesbaden 2012*

Halbstrukturiertes Gespräch:

Nach der Einstiegsfrage kann der Proband frei sprechen. Später wird über wichtige Themen ein standardisiertes Gespräch geführt.

Vorteile	Nachteile
• klare Struktur, und trotzdem Platz für offenes Gespräch	• Mischen von standardisiertem und nicht standardisiertem Vorgehen kann zu Verwirrung führen
Fazit: zu empfehlen	

Strukturiertes Gespräch:

Die Inhalte und die Reihenfolge der Fragen sind festgelegt und die Antwortmöglichkeiten sind vorgegeben.

Vorteile	Nachteile
• direkte Vergleichsmöglichkeit • keine Fragen werden vergessen • die Anwendung erfolgt ökonomisch	• späteres Nachfragen ist schwer möglich • führt bei starrer Anwendung zu einem mechanischen Abfragen – gewollte Spontaneität geht verloren
Fazit: bedingt zu empfehlen	

4.5.2 Fragetechniken

Offene und geschlossene Fragen

Offenheit respektive Geschlossenheit einer Frage bezeichnet den Spielraum, der dem Antwortenden gelassen wird.

Die offene Frage enthält keine Antwortkategorien. Die befragte Person kann ihre Antwort völlig selbstständig formulieren und der Interviewer hat die Aufgabe, die Äußerungen der Auskunftsperson so genau wie möglich zu notieren. Diese werden erst später in der Auswertungsphase bestimmten Kategorien zugeordnet.

Offene Fragen helfen, ein angenehmes Gesprächsklima zu schaffen, lassen den Bewerber aktiv werden und geben Hinweise auf die Persönlichkeit des Bewerbers. Sie sind allerdings schwerer auszuwerten. Der Bewerber hat es zudem leichter, mit seinen Antworten auf einem generellen Niveau zu verbleiben und nicht so tief ins Fachliche gehen zu müssen.

Bei geschlossenen Fragen werden dem Befragten alle möglichen oder zumindest alle relevanten Antworten nach Kategorien geordnet vorgegeben. Von Vorteil ist bei dieser Frageform, dass das Gespräch sich möglicherweise bei richtigen Antworten des Bewerbers auf einem fachlich höheren Niveau und weniger in abstrakten Kategorien bewegt. Allerdings bedarf es detaillierter Nachfragen, um das Interview am Laufen zu halten und nicht in einen Monolog seitens des Befragenden zu geraten.

Direktive und non-direktive Fragen

Mit **direktiven Fragen** werden gezielt Informationen und Fakten ermittelt. Sie steuern damit den Ablauf und die Richtung des Interviews. Direktive Fragen sind bei Anforderungen mit hoher Handlungsrelevanz einzusetzen, wie beispielsweise Kontaktverhalten, Durchsetzungsvermögen oder Initiative. Als Beispiele für direktive Fragen seien genannt:

- Wie viele Kundenbesuche pro Tag machen Sie in der Regel?
- Wie hoch ist Ihre Abschlussquote?

Mit **non-direktiver Fragetechnik** werden vom Bewerber Informationen eingeholt, ohne dass dieser merkt, welche Schwerpunkte der Interviewer setzt. Sogenannte Fragewörter (wie, wann, was, wer etc.) an Satzanfängen eignen sich sehr gut für diese Art der Informationsermittlung.

Die non-direktive Fragetechnik hat den Vorteil, dass sie neutral ist, dem Bewerber somit keine Antwortrichtung nahe legt und ihm daher weniger Orientierung darüber gibt, was der Interviewer eigentlich wünscht bzw. was günstig für den Bewerber sein könnte. Ein Beispiel für eine non-direktive Frage:

- Stellen Sie sich vor, Sie wären auf einer Party eingeladen: Sie kommen in den Raum, der voller unbekannter Menschen ist. Wie fühlen Sie sich in diesem Moment?

Um die Frage nicht direkt zu beantworten, hat der Bewerber vor allem zwei Möglichkeiten zu reagieren. Zum einen kann er eine Gegenfrage stellen. Auf solche Gegenfragen werden Sie nicht antworten, sondern auf die Ausgangsfrage verweisen.

Zum anderen kann er von der eigentlichen Fragestellung abschweifen und etwas antworten, was Sie nicht interessiert. In diesem Fall bringen Sie Geduld auf und warten, bis er zum Kern kommt. Aktives Zuhören bzw. körpersprachliche Kommunikation dienen als Gesprächsverstärker und steuern den Gesprächsverlauf in die gewünschte Richtung.

- Aktives Zuhören: zeigt sich z. B. durch eine inhaltliche Wiederholung des Gesagten:
  - „Wenn ich Sie also richtig verstanden habe, ...“
  - „Mit anderen Worten sind Sie der Meinung, dass ...“
  - gesprächsfördernde Aussagen werden auch soziale Verstärker genannt und sind Wörter wie: „mmh“, „ja“, „aha“ ...
- Körpersprachliche Kommunikation wird durch Blickkontakt und durch körperliche Hinwendung zum Bewerber gegeben.

Trichterform des Fragens

Ein gut geführtes Interview ähnelt einem Trichter. Am Anfang sind die Fragen allgemein gehalten und offener. Im Laufe des Gesprächs werden sie dann enger, um am Ende ganz präzise in eine bestimmte Richtung zu zielen.

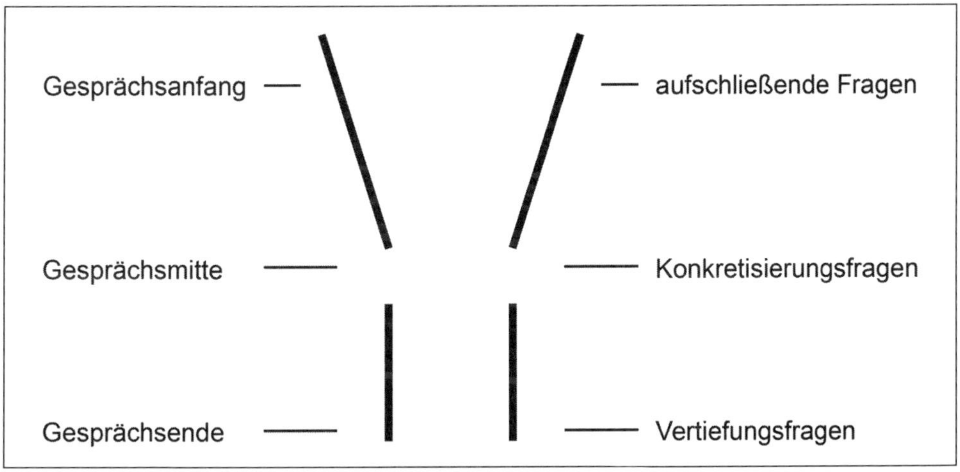

Das oberste Prinzip beim Befragen eines Bewerbers zum Zweck des näheren Kennenlernens muss sein: Beeinflussung vermeiden und deshalb

- keine Suggestivfragen zu stellen,
- die Richtung des Gesprächs weitgehend dem anderen zu überlassen,
- ihm aufmerksam zu folgen und darauf zu achten, was er für wichtig hält und was nicht.

Erst wenn Sie bereits ein gewisses Informationsgerippe haben, beginnen Sie, sich ein Urteil über das Gegenüber zu bilden, ist es notwendig, gezielter nachzufragen. Dieses Nachfragen werden die inzwischen angestellten Mutmaßungen (Hypothesen) bestätigen oder korrigieren.

Aufschließende Fragen:

- „Was möchten Sie mir von sich erzählen?"
- „Wie kam es, dass Sie in den Außendienst gingen?"
- „Was ist für Sie bei einer neuen Stelle besonders wichtig?"

Es liegt am Bewerber, was er aus diesen Fragen macht. Sie geben ihm keine bestimmte Richtung vor. An seiner Antwort erkennt man, was ihn im Augenblick besonders beschäftigt (sonst wäre es ihm ja nicht gerade eingefallen). Seine Antworten geben Stoff für die nachfolgenden

Konkretisierungsfragen:

- „Was meinten Sie eben mit Ihrer Bemerkung, Sie seien mit Ihrer jetzigen Arbeit unzufrieden?"
- „Was verstehen Sie darunter, wenn Sie sagen, Ihnen liegt der Umgang mit Menschen?"
- „Was halten Sie für besonders wichtige Eigenschaften eines guten Verkäufers?"

Hier teilt der Fragende mit, dass ihn ein Thema näher interessiert, dass er gern noch etwas konkreter und genauer informiert werden möchte. Die Sache kann ihm so wichtig sein, dass er nun die noch feinere Sonde herausholt.

Vertiefungsfragen:

- „Es würde mich noch genauer interessieren, welcher Art die Spannungen sind, die Sie mit Ihren Vorgesetzten haben."

Checkliste für eine faire Fragetechnik

Folgende Hinweise können im Sinne einer fairen Fragetechnik beachtet werden. Sie erhalten so auf faire Art und Weise ein Maximum an Informationen:

Fragen	Ja
• Stellen Sie non-direktive Fragen, z. B. „Wie geht es Ihnen heute bei einem solchen Gespräch?"	☐
• Verwenden Sie offene Fragen.	☐
• Wählen Sie konkrete, verhaltensbezogene Fragen.	☐
• Formulieren Sie kurze, präzise Fragen.	☐
• Passen Sie Ihren Sprachschatz dem Bewerber an.	☐
• Formulieren Sie einfache Fragen.	☐
• Stellen Sie eine Frage und warten Sie die Antwort ab.	☐
• Zählen Sie bei Alternativfragen alle Alternativen auf.	☐

4.5.3 Der Ablauf eines Interviews – Was gilt es zu beachten?

Wie Sie erkennen, kann nicht nur der Bewerber Fehler machen, sondern auch der Interviewer schon durch Unachtsamkeit das Gespräch in eine falsche Richtung lenken. Um vor dem Bewerber gut vorbereitet und selbstsicher zu erscheinen, sind folgende Punkte hilfreich:

- Vor Beginn des Interviews haben Sie sich intensiv mit den **Bewerbungsunterlagen** des Kandidaten beschäftigt.
- Sie sind **pünktlich** und **begrüßen** den Bewerber mit **Namen**.
- Sie sorgen für einen **störungsfreien Ablauf** des Interviews (keine Telefongespräche zwischendurch!).
- Bieten Sie eine Möglichkeit zur **Ablage** von Mantel, Jacke oder Tasche. Lassen Sie den Bewerber in **Ruhe** ankommen und **bieten sowohl etwas Kaltes wie auch Warmes** zu trinken an. Bieten Sie nicht nur Kaffee an, weil manche Bewerber zu aufgeregt sind. Geben Sie ihm eine Chance zu wählen.
- Selbstverständlich reden Sie nicht vom Schreibtisch aus mit dem Bewerber. Ein runder Tisch oder ein einfacher **Besprechungstisch** bringen schon viel Entspannung.
- Sie wählen eine Sitzordnung, die es erlaubt, das Verhalten des Bewerbers zu **beobachten** und sich gleichzeitig **Notizen** über den Gesprächsverlauf zu machen. Geben Sie dem Bewerber auch Orientierung hinsichtlich der **Platzwahl**.
- Sagen Sie dem Bewerber, dass Sie sich während des Gesprächs **Notizen** machen werden.
- Sagen Sie einfach, dass Sie für das Interview genügend **Zeit** eingeplant haben.
- Machen Sie vorab den geplanten **Gesprächsverlauf** transparent:
  - Geben Sie dem Bewerber in der ersten Phase Informationen über Ihr Unternehmen. Dabei können Sie ruhig fragen, ob Sie das machen sollen bzw. welche Informationen bereits über das Internet bekannt sind.
  - Geben Sie dem Bewerber in der nächsten Phase des Gesprächs die Gelegenheit, sich selbst bzw. den eigenen beruflichen Werdegang zu präsentieren.
  - Geben Sie dem Bewerber in der dritten Phase Gelegenheit zu eigenen Fragen.
  - Besprechen Sie dann gemeinsam mit dem Bewerber den weiteren Verlauf der Bewerbung.
- Bleiben Sie in Ihrem gesamten Verhalten (Gestik, Mimik, Stimmlage) authentisch und dem Bewerber gegenüber **freundlich und verbindlich**.
- Seien Sie **flexibel** in Ihrer Gesprächsführung.
- Seien Sie **objektiv** und vermeiden Sie Belehrungen, Diskussionen, Interpretationen, Unterbrechungen sowie Anbiederungen.

- **Hören Sie aktiv und interessiert zu**.
- Führen Sie kein Stressinterview. Scheuen Sie sich gleichzeitig aber nicht vor harten und fairen **Fragen**.
- **Reden** Sie **verständlich** (gegliedert, prägnant, mit wenig Fachausdrücken und stimulierend) und denken Sie an Ihre Zielsetzungen.
- Strukturieren Sie das Gespräch durch **Pausen**.
- Machen Sie dem Bewerber am Ende des Interviews deutlich, wie und wann er das **Ergebnis** erfährt. Teilen Sie ihm für den Fall eines negativen Eindrucks die Absage nie unmittelbar nach Ende des Interviews mit.
- Ermöglichen Sie dem Bewerber einen **positiven Abgang**. Das Gespräch ist auch Ihre Visitenkarte und so etwas wie ein Kundenkontakt nach dem Motto: „Man sieht sich immer zwei Mal im Leben."

Achten Sie besonders bei diesen Punkten auf das Gesamtbild des Bewerbers. Wirkt er angespannt oder nicht authentisch, könnte das ein Indiz dafür sein, dass Sie unsaubere Informationen erhalten oder der Bewerber nicht das allergrößte Interesse an der Position mitbringt.

Hinsichtlich der Körpersprache können folgende Hinweise hilfreich sein:

- lockere und offene Körperhaltung (Arme und Füße) versus verschränkte Arme, gefaltete Hände; mit beiden Händen umklammerter Stift
- echtes, herzliches Lachen versus gespieltes, falsches Lachen
- gerader, direkter, freundlicher Blick versus Abschweifen
- mit Gesten das Gesagte untermalen versus teilnahmsloses Festhalten der Hände[25]

Die Kunst beim Kennenlernen eines Bewerbenden ist, verschiedene Informationen über alle **Wahrnehmungskanäle** aufzunehmen und daraus ein **Gesamtbild** zu erhalten. Das bedeutet, auf die Körpersprache, Blickkontakt, allgemeines Erscheinungsbild, Offenheit und Spontaneität im Gespräch gleichberechtigt zu achten. Dies kann nur gelingen, wenn Sie offen und ohne vorgefertigte Meinung in das Gespräch gehen.

25 Thomas Ullrich, Jan Dietrich: Bewerbung: Das Geheimwissen der Personalberater und Testpsychologen, Ullstein Verlag, München 2002

4.5.4 Die Phasen eines Bewerbungsgespräches

Ein Bewerberinterview bedarf nicht nur einer systematischen Vorbereitung, sondern auch einer professionellen Durchführung. Auch für das Bewerbergespräch selbst sollte man verschiedene Phasen einplanen, d. h. wiederkehrende Abläufe definieren und sich in ihnen unterschiedlich verhalten.

Ein Bewerbungsgespräch wird in vier Phasen eingeteilt. Diese vier Phasen werden im Folgenden näher dargestellt. Hier geht es nur um den Ablauf des Gespräches. Sinn und Zweck der vier Phasen sind:

- **Eröffnungs- und Kontaktphase (ca. 5 Minuten):**
  Eine angenehme Atmosphäre zu schaffen, ist das Ziel am Anfang. Interviewer und Bewerber sprechen wechselweise. Um die Nervosität beim Bewerber zu reduzieren, bietet sich zu Beginn ein Austausch über unverfängliche Themen wie die Anreise oder die Wetterlage an. Stellen Sie den Gesprächsablauf vor, bringen noch einmal Ihre Freude über die Möglichkeit des persönlichen Kennenlernens zum Ausdruck und bitten den Bewerber, mitgebrachte Fragen am Gesprächsende zu platzieren.

- **Motivationsphase (ca. 5 Minuten):**
  Kurze Präsentation von Firma, Funktion und Aufgabe mit dem Ziel, den Bewerber für sich zu gewinnen. Der Hauptredeanteil liegt beim Interviewer; der Bewerber sollte hier nur wenige Fragen stellen. Präsentieren Sie die Vorteile der Position und zeigen Sie ggf. Entwicklungsperspektiven auf. Beschreiben Sie aber auch klassische Alltagssituationen der Tätigkeit.

- **Interviewphase (ca. 45 Minuten):**
  Exploration des Bewerbers und Lebenslaufanalyse. Der Bewerber hat das Wort. Die Aktivität des Interviewers beschränkt sich ausschließlich auf offene Fragen. Der Bewerber skizziert in diesem Teil zunächst seinen Werdegang mit den wichtigsten Stationen sowie seine derzeitige Tätigkeit. Gleichen Sie dies mit den Bewerbungsunterlagen ab und notieren Sie sich Fragen, die hier auftreten. Der Bewerber wird nur unwesentlich unterbrochen. Stellen Sie Ihre Fragen, die sich aus der Analyse der Bewerbungsunterlagen sowie der eben erfolgten Präsentation des Bewerbers ergeben haben. Anschließend folgt der wichtige Teil, in dem die Qualifikationen des Bewerbers mit dem Anforderungsprofil abgeglichen werden. Das geschieht durch erfolgskritische Fragen nach dem Verhalten in der Vergangenheit, um daraus auf die Zukunft zu schließen.

- **Abschlussphase (ca. 10 Minuten):**
  Punkte und Fragen besprechen, die zurückgestellt wurden (Finanzen, Vertrag oder Ähnliches). Hier informieren sich die Gesprächspartner gegenseitig und diskutieren. Der Bewerber kann noch nicht beantwortete Fragen stellen. Leiten Sie den Gesprächsabschluss zum Beispiel damit ein, wie dem Bewerber das Interview gefallen hat. Sind Sie vollkommen überzeugt, laden Sie den Bewerber direkt zum Zweitgespräch ein. Andernfalls kündigen Sie eine Rückmeldung an und melden sich nach Auswertung des Gespräches.

Interviewer und Bewerber sollten NICHT gleich viel reden, im Gegenteil: **Bewerber müssen den deutlich höheren Redeanteil haben** als der Interviewer. **Der Interviewer darf den Bewerber kennen lernen und nicht umgekehrt.** Empfehlung ist, dass der Interviewte im Idealfall mindestens zwei Drittel der Gesprächsanteile redet.

Dies erreichen Sie, indem Sie Bewerber möglichst oft zu konkreten Situationen befragen, sich Handlungen oder Empfindungen berichten lassen und zusätzlich offen nachfragen. Beginnen Sie Ihre Fragen zum Beispiel mit wie, was oder warum. Spielen Sie auch exemplarisch Situationen durch.

Formulieren Sie Ihre Fragen so, dass Sie vom vergangenen auf das zukünftige Verhalten prognostizieren können. Dadurch finden Sie heraus, ob der Bewerber bisher tatsächlich erfolgreich war oder dies nur behauptet. Hinterfragen Sie daher zwingend Erfolge genauso wie Misserfolge und lassen sich diese schildern. Der Bewerber soll seine Reaktionen, Gefühle und auch Konsequenzen aus dem gezeigten Verhalten ganz konkret beschreiben, damit Sie sich ein Bild von der Glaubhaftigkeit des Geschilderten machen können. In diesem Zusammenhang sollten Sie immer auf den folgenden Dreiklang abzielen:

1. Wie war die Ausgangssituation?
2. Welches Verhalten hat der Bewerber in dieser Situation gezeigt?
3. Welches Ergebnis wurde daraufhin erzielt?

4.5.5 Einige kritische Anmerkungen zu den Beurteilungsfehlern

Die Psychologie schenkte uns viele Erkenntnisse über so genannte Beurteilungsfehler, erläuterte mir Herr Peter. Jetzt werden wir uns in Bewerbungsgesprächen nicht immer an diese Phänomene erinnern. Wir glauben aber, dass es hilft, sich diese zu verdeutlichen und sensibel zu bleiben, damit wir ihnen nicht zum Opfer fallen. Es wird im Folgenden auch nicht die ganze Fülle aufgezeigt, eher eine Auswahl, eine kurze Beschreibung und ein kleiner Tipp, wie man selber damit umgehen kann.

Halo- oder Überstrahleffekt

Von einem hervorstechenden Merkmal wird auf andere Persönlichkeitsmerkmale geschlossen: zum Beispiel „Dicke sind gemütlich", „Brillenträger sind klug", „Fußballspieler sind teamfähig / Rabauken".

Tipp

Bei starken eigenen Urteilen diese selber kritisch hinterfragen. An welchen Fakten mache ich dieses Urteil fest? Welches Verhalten des Bewerbers in der Vergangenheit begründet mein Urteil?

Reihenfolge-Effekte

Bei einer Zusammenfassung von Einzelbeobachtungen zum Gesamteindruck spielen der erste Eindruck **(Primacy-Effekt)** und der letzte **(Recency-Effekt)** eine ganz besondere Rolle. Sie werden besser erinnert.

Tipp

Bewusstmachen, was der erste und der letzte Eindruck war – dann einen Abgleich machen, ob diese Eindrücke nochmals vorkamen und an welcher Stelle des Interviews Sie aufgetaucht sind.

Belastungsfehler

Wenn Sie viele Bewerbungsgespräche an einem Tag durchpeitschen, steigt die Zahl der Fehleinschätzungen.

Tipp

Höchstens drei Gespräche pro Tag führen, um frisch für jedes zu sein und dem Bewerber gegenüber die notwendige Aufmerksamkeit entgegenzubringen.

Mildefehler / Strengefehler

Menschen neigen dazu, bekannte Personen milder zu beurteilen (oder zum Selbstschutz vor dem Mildefehler besonders streng) als für sie unbekannte Personen.

Tipp

Bei starken oder subjektiv empfundenen „Ist ja schon gut"-Urteilen kritisch hinterfragen, an welchen Fakten ich dieses Urteil festmache.

Egozentriefehler

Der Interviewer nimmt eigene Kenntnisse und Fertigkeiten als Maßstab und erwartet auch von weniger Erfahrenen die gleiche Kompetenz.

Tipp

Beim Interview klar verdeutlichen, weshalb man bestimmte Urteile fällt.

Soziale Vorurteile

Mir ähnliche Menschen werden positiver beurteilt.

Tipp

Sich bei der Vorbereitung und Durchführung der Gespräche verdeutlichen, dass sich ein gutes Team aus Menschen mit unterschiedlichen Stärken zusammensetzt. Jeder kommt mit seinen eigenen Klonen immer schlechter aus als mit Menschen, die sich von ihm unterscheiden. Ein nicht ganz so ernst gemeinter Spruch mit einem Körnchen Wahrheit ist: „Warum willst Du, dass der andere genau so ist wie Du? Gott und Du selber wissen, dass zwei von Deiner Sorte zu viel wären auf dieser Welt."

4.5.6 Erstgespräch für alle Funktionen

Gesprächsziele formulieren

Die klassische Art einen Bewerber kennen zu lernen, ist die, nach seinen Stärken und Schwächen zu fragen. Wer diese Fragen stellt, erlebt immer wieder das Phänomen, dass die folgenden Eigenschaften genannt werden:

- leistungsbereit
- teamfähig
- belastbar
- ungeduldig oder
- zu schnell für andere

Wir reden in diesem Zusammenhang von **sozial erwünschten Antworten**. Das sind solche Antworten, von denen der Bewerber denkt, dass sie ihn in den Augen des Befragers gut dastehen lassen. Der Bewerber glaubt, weil ich eine Standardfrage stelle, dass ich auch eine Standardantwort erwarte. Der Bewerber erwartet diese Fragen (sie sind ja seit Jahrzehnten bekannt) und glaubt, er schulde mir deshalb eine passende Antwort. Diese Art von Fragen zu stellen ist aus unserer Sicht einerseits **Zeitverschwendung und andererseits unehrlich**. Es braucht andere alternative Fragen. Diese werden später klarer dargestellt.

Das Bewerbungsinterview ist immer ein Wellenreiten: die meisten Interviewer wollen möglichst viel erzählen **und** vom Bewerber viel erfahren. Es hilft deshalb bei der Vorbereitung, sich die Gesprächsziele zu verdeutlichen. Sie zu formulieren, unterstützt mich darin zu definieren, was ich möchte oder nicht möchte. Aus Sicht des Bewerbers gilt das Gleiche. Ein einfaches Werkzeug zur Formulierung der Gesprächsziele[26] ist das Folgende. Dieses Werkzeug können Sie natürlich in unterschiedlichsten Situationen verwenden.

26 Besprechungen (2013) Bischof & Bischof; Haufe Verlag

Teilnehmer: ______________________________

Datum/Ort: ______________________________

Sonstiges: ______________________________

1. Was ist mein Hauptziel?
2. Welche Punkte können / müssen zur Sprache kommen?

HIER KÖNNEN SIE ALLE FRAGEN INTEGRIEREN, DIE SIE IM GESPRÄCH STELLEN WOLLEN.

3. Welche Entscheidungen können/müssen getroffen werden?
4. Was muss ich erreichen?
5. Was muss ich vermeiden?
6. Was muss mein Gesprächspartner erreichen?
7. Was muss mein Gesprächspartner vermeiden?

Abbildung 4–8 *Die Gesprächsziele zu formulieren, ist die wichtigste Gesprächsvorbereitung*

Dieser einfache Leitfaden fasst zusammen, was Sie wollen und was aus Ihrer Sicht für den Bewerber wichtig ist. Die wichtigsten Gesprächsziele werden darin formuliert.

- Verwenden Sie diesen Leitfaden, wenn Ihnen andere Fragenkataloge zu anspruchsvoll sind.
- Verwenden Sie diesen Leitfaden auch als grobes Raster, in das Sie Ihre eigenen wie auch die hier vorgeschlagenen Fragen integrieren.
- Sie können diesen Leitfaden selbstverständlich auch bei anderen Gesprächen einsetzen. Sie werden erleben, dass Sie damit ca. 80 Prozent des Gespräches vorbereitet haben. In der Folge werden Sie sehen, dass Sie sich weniger verzetteln (auch durch andere bedingt) und die Gespräche inhaltlich mehr Ergebnisse hervorbringen.

Interviewleitfaden für ein Erstgespräch

Der folgende Leitfaden hat einerseits zum Ziel, nachweisbare Fakten des Erreichten/nicht Erreichten und andererseits die emotionalen Treiber/Blockaden beim Bewerber zu erfahren. Den Hintergrund bilden die Leistungsbilanz und die emotionale Bilanz. Diese Art geht meist sehr tief und führt in der Regel zu einem sehr offenen Gespräch. Wir ermutigen Sie einfach, einmal vom üblichen Leitfaden abzuweichen und die Fragen nach Erfolgen/Treibern in Ihr normales Vorgehen einzuschließen. Fragen Sie zu jedem Thema mindestens drei Beispiele in kurzer Zeit ab und achten auf spontane und schnelle versus konstruierte und langsame Antworten. Die schnellen Antworten kommen meistens „aus dem Bauch“ und sind nicht so kopfgesteuert.

Kontaktphase

- Einfache Fragen zur Einleitung:
  - Wie sind Sie angereist?
  - Wie gut konnten Sie vom anderen Unternehmen für das Gespräch heute frei bekommen?
  - Wie passt Ihnen der Zeitrahmen von ca. 1,5 Stunden?

Motivationsphase

- Was wissen Sie von unserem Unternehmen?
- … „Ich erzähle Ihnen jetzt noch einiges zu unserem Unternehmen: …“
- … „Ich schildere Ihnen kurz die Funktion. Bei Fragen Ihrerseits dazu wäre ich froh, wenn wir diese dann später aufnehmen können.“

Interviewphase

- Einfache Fragen zur Einleitung:
  - Schildern Sie einmal Ihren Lebenslauf mit den wichtigsten Stationen – am besten von Anfang an: Beginnen Sie einfach in Ihrer Kindheit.
- Zwischenfragen:
  - Was waren Ihre Hobbys?
  - Was machten Sie neben der Schule sonst noch?
  - Was forderte Sie während der Schulzeit heraus?
  - Was überforderte Sie?
  - Verdienten Sie nebenher noch etwas dazu?
  - Was machten Sie mit dem Geld (Hinweis auf frühzeitigen Umgang mit Geld – mehr ausgeben oder lieber sparen)?

- Berufliche Stationen:
  - Was brachte Sie dazu, Ihre Ausbildung/Studium anzufangen?
  - Wie machten Sie sich ein Bild vom zukünftigen Beruf?
  - Was machten Sie während der Ausbildung/des Studiums noch nebenbei?
  - Was forderte Sie während der Ausbildung/des Studiums heraus?
  - Was überforderte Sie in der Ausbildung/im Studium?
  - Weshalb interessieren Sie sich für diese (neue) Funktion?
- Was waren in den letzten (zwei bis fünf Jahren) Ihre größten Erfolge?
  - Was waren Erfolge mit Ihren Kunden, in der Zusammenarbeit mit Vorgesetzten, für Sie persönlich, im privaten Umfeld?
  - Was bedeutete das konkret für Sie?
- Was waren in den letzten (zwei bis fünf Jahren) Ihre größten Misserfolge?
  - Was waren Misserfolge mit Ihren Kunden, in der Zusammenarbeit mit Vorgesetzten, für Sie persönlich, im privaten Umfeld?
  - Was bedeutete das konkret für Sie?
  - Was haben Sie daraus gelernt?
- Was machte Ihnen in den letzten zwei bis fünf Jahren am meisten Spaß, Freude oder forderte Sie heraus?
  - Was machte Ihnen in den letzten zwei bis fünf Jahren beruflich am meisten Spaß, Freude mit Ihren Kunden, in der Zusammenarbeit mit Vorgesetzten, für Sie persönlich, im privaten Umfeld?
- Welche Entscheidungen waren auf Ihrem Lebensweg besonders bedeutend?
  - Wieso haben Sie sich für die eine oder andere Alternative entschieden?
  - Woher kamen die Anstöße dazu?
- Wie würden Sie sich selbst, d.h. Ihre Persönlichkeit mit sieben treffenden Wörtern beschreiben?
- Wer oder was trieb Sie an?
  - Was bedeutete das konkret für Sie?
- Was nervte, ärgerte, machte Sie hilflos mit Ihren Kunden, in der Zusammenarbeit mit Vorgesetzten, für Sie persönlich, im privaten Umfeld?
  - Was bremste, blockierte oder brachte Sie auf?
  - Was bedeutete das konkret für Sie?

- Was war die bisher schwierigste Aufgabe, die Sie zu lösen hatten? Wie gingen Sie dabei vor?
- Was muss Ihr Chef tun, um das Beste aus Ihnen herauszuholen?
- Wie arbeiten Sie sich in neue Themen ein?
  - Wie stellen Sie sich Ihre Einarbeitung in der ersten Arbeitswoche hier vor?
  - Welches Thema haben Sie sich vor kurzem neu angeeignet?
- Wie gehen Sie mit neuen, ungewohnten Situationen um?
  - Welche Veränderungen ergaben sich in Ihrem beruflichen Umfeld?
  - Wie haben Sie darauf konkret reagiert?
- Wie verhalten Sie sich in Konflikten?
- Was bringt Sie in Stress? Wie gehen Sie mit Stress um?
- Was braucht es, damit Sie im Beruf glücklich und erfolgreich sind?
- Welche beruflichen Schwerpunkte setzen Sie?
- Was hatten Sie im letzten Jahr geplant, wie haben Sie es umgesetzt und wie sieht Ihre Planung für dieses Geschäftsjahr aus?
- Was für ein Feedback bekamen Sie von Vorgesetzten? Wie beurteilte er Sie?
- Wofür wurden Sie in den letzten Jahren des Öfteren von Ihren Kollegen oder Vorgesetzten gelobt?
- Wofür wurden Sie in den letzten Jahren des Öfteren von Ihren Kollegen oder Vorgesetzten kritisiert?

Abschlussphase

- Welche Fragen haben Sie jetzt selber noch?
- Was brauchen Sie noch an Unterlagen von mir?
- Was erwarten Sie von der neuen Funktion?
- Wann könnten Sie anfangen?
- Wo haben Sie sich denn sonst noch beworben verbunden mit der Frage: Besteht Zeitdruck in der Entscheidung?
- Wie wirkte das Gespräch auf Sie?
- Was nehmen Sie aus dem Gespräch mit?
- Bitte fassen Sie kurz für sich selber zusammen, was Ihnen an diesem Gespräch besonders wichtig erscheint. Dann erklären Sie mir bitte in wenigen Worten, weshalb Sie sich für diese Funktion interessieren.

Sonderfall Motivationsschreiben

Meistens gibt es nach dem Erstgespräch evtl. noch ein Telefonat, in dem dann die Zusagen oder Absagen kommuniziert werden und evtl. nochmals das Gespräch selber reflektiert wird.

Eine weitere Möglichkeit besteht darin, den Bewerbenden nach dem Gespräch formulieren zu lassen, wie das Gespräch angekommen ist und weshalb der Bewerbende sich immer noch bewerben möchte. Hierzu lautet die einfache Bitte, das Gespräch kurz zusammenzufassen und schriftlich niederzulegen, warum er sich immer noch für die Aufgabe interessiert. Welche Gründe gibt es mit der Erfahrung des zurückliegenden Gespräches, diese Aufgabe zu wollen? Welche neuen Gedanken fließen jetzt in die Motive ein?

Mehrere Erkenntnisse ergeben sich möglicherweise durch dieses Schreiben/diese E-Mail hinsichtlich:

- **Form**: strukturiert oder eher nicht – gut strukturiert spiegelt Klarheit im eigenen Denken;
- **Inhalt**: spiegelt der Inhalt Ihre Erwartung noch deutlicher wider, weshalb jemand sich für diese Aufgabe interessiert – ich erkenne, was im Gespräch war und erlebe die Themen kongruent; oder ich spüre ein Verkaufsschreiben oder für mich etwas nicht Stimmiges;
- **Was ist beim Bewerbenden von dem Erstgespräch angekommen?**
- **Flexibilität:** Wie reagiert der Bewerber auf diese unkonventionelle Bitte? Nimmt der Bewerber diese Bitte offen oder verwirrt auf; fließen kritische Aspekte des Gespräches ein; bringt er Fragestellungen auf, die sich im Gespräch ergeben haben und integriert diese in das Schreiben?

Ein Beispiel für ein überzeugendes Motivationsschreiben:

Sehr geehrter Herr Gutknecht, sehr geehrter Herr Wilhelm,

noch einmal vielen Dank für das sehr informative und angenehme Gespräch, in dem Sie Ihre Begeisterung für die Arbeit in Ihrer Agentur zum Ausdruck brachten und diese Leidenschaft auf mich übertragen haben.
Dieses Gespräch hat mich noch einmal in meinem bereits bei der Bewerbung gefassten Entschluss bestärkt, sehr gern in Ihrer Agentur meinen Enthusiasmus für die Versicherungsbranche sowie meine Erfahrung im Außendienst einzubringen. Die aufgezeigten Visionen für die Weiterentwicklung Ihrer Agentur haben mich beeindruckt und decken sich vollumfänglich mit meinen Vorstellungen einer modernen Versicherungsagentur.

Die darüber hinaus von Ihnen beschriebenen Aufgabengebiete sind die inhaltliche wie persönliche Herausforderung, nach der ich aktuell suche. Als Teil Ihres Teams könnte ich meine mehr als zehnjährigen Außendienst- und Versicherungserfahrungen optimal kombinieren; und das wiederum an der Schnittstelle zwischen Versicherungsunternehmen und Kunden. Genau dieses Spannungsfeld begeistert mich seit jeher und macht die Position als angestellter Verkäufer im Außendienst für mich so reizvoll.

Ich würde mich sehr freuen, meine Expertise zum Auf- und Ausbau von neuen Verkaufskanälen bei Ihnen einbringen zu können, um Ihre Agentur noch weiter auszubauen. Ich bin davon überzeugt, dass gerade neuen Medien auch in der Versicherungsbranche eine stärkere und herausragende Bedeutung zukommt. So verlangen die Versicherten mehr denn je nach Informationen und Tipps für ihre Anliegen.

Nicht zuletzt aufgrund meiner persönlichen Beziehungen in die Versicherungsbranche und Ihren Ausführungen zum Stellenwert Ihrer Agentur im Konzern bin ich hoch motiviert, Sie bei den angedachten Weiterentwicklungen aktiv zu unterstützen.

Über einen weiteren persönlichen Gedankenaustausch und eine positive Entscheidung würde ich mich sehr freuen.

Mit besten Grüßen

Marcel Reuter

4.5.7 Gespräche alleine oder zu zweit führen?

Für beide Varianten lassen sich einige stichhaltige Argumente anführen. Für eine Gesprächsführung allein spricht vor allem, dass der Bewerber sich möglicherweise von Beginn an freier entfalten kann, weil die Anwesenheit einer zusätzlichen Person vorhandene Aufregung weiter verstärken könnte. Unserer Meinung nach bietet die gemeinsame Führung von Vorstellungsgesprächen allerdings mehrere Vorteile für beide Seiten: Sie als Interviewer haben die Möglichkeit, sich abzuwechseln und den Bewerber dadurch in „Ruhephasen" genauer zu beobachten, sich stärker auf die Inhalte zu konzentrieren wie auch detaillierter Notizen anzufertigen. Darüber hinaus können Sie sich gegenseitig unterstützen und neue Impulse in das Gespräch bringen. Wichtig ist dabei, dass die Kompetenzen vorab klar abgesteckt und der grobe Gesprächsverlauf dem Bewerber klar gemacht wird, um ihn nicht durch einen ständigen Wechsel zwischen den Interviewpartnern zu verwirren. Hinsichtlich einer AGG-konformen Gesprächsführung und der darauf basierenden Einstellungsentscheidung sichern Sie sich durch das Vorstellungsgespräch zu zweit ab, weil Sie Aussagen gegenseitig bestätigen können. Auch bei der Entscheidung über die Bewerbung können Sie sich intensiver miteinander austauschen, als wenn nur einer der Beteiligten den Kandidaten auch tatsächlich erlebt hätte.

Für den Bewerber eröffnet das Gespräch mit zwei Personen die Chance, einen genaueren Eindruck in Ihren Arbeitsablauf zu gewinnen. Zudem vermitteln Sie noch eher den Eindruck, dass Sie sich besonders ernsthaft mit dem Kandidaten auseinandersetzen.

Herr Peter erzählte mir folgende Situation: Ein Kunde von ihm hatte mehrere Gespräche mit zwei Kandidaten für eine Verkaufstätigkeit im Außendienst geführt. Die beiden Kandidaten waren bisher in einer Bürogemeinschaft gemeinsam tätig. Ursprünglich hatte sich nur einer von ihnen für die gesuchte Funktion beworben. Nachdem die Gespräche in Bezug auf einen Kandidaten erfolgreich abgeschlossen waren, hatte er auch zu dem zweiten Kandidaten weiter Kontakt. Dieser signalisierte, dass er zu einem späteren Zeitpunkt in seinen Agenturbetrieb mit einsteigen wollte. Beide hatten ihm gegenüber plausibel geäußert, beim bisherigen Unternehmen aufgrund persönlicher Differenzen mit der dortigen Führungsebene keine Perspektive für eine langfristige Zusammenarbeit mehr zu sehen. Einige Zeit, nachdem der erste Verkäufer bereits bei ihm an Bord war, machte dieser auf angebliche Unstimmigkeiten bezüglich getroffener Absprachen aufmerksam. Diese wurden von beiden Gesprächspartnern zu seinen Ungunsten beschrieben, indem sie sich gegenseitig bezeugten. Viele zusätzliche Gespräche wurden notwendig, in denen sich schließlich herausstellte, dass der zweite Verkäufer nie ernsthaft die Absicht gehabt hatte, sich zu verändern. Durch die Unterstützung einer zweiten Person in den Gesprächen hätte sein Kunde eventuell besser erkennen können, welche Intention die Bewerber verfolgten und vor allem hätte auch er mithilfe eines Zeugen argumentieren können. Das sollte zwar, wenn vorher alles glatt gelaufen ist, gar nicht nötig sein, doch hätte es dem Kunden von Herrn Peter in diesem Fall viel Zeit, Ärger und Geld gespart.

4.5.8 Zweitinterview für neue Mitarbeiter im Vertrieb

Viele Einstellende nehmen sich für ein Bewerbungsgespräch nicht unbedingt viel Zeit, geschweige dass sie ein zweites führen. Wenn man allerdings ein bisschen rechnet, kommt man für einen neuen Mitarbeiter je nach Einarbeitungszeit leicht auf die schon vorher angesprochenen Kosten von mehreren Monatsgehältern. Hinzu kommt, dass im zweiten Gespräch die Atmosphäre meistens lockerer ist und deshalb noch klarere Antworten zu erwarten sind.

Im zweiten Bewerbungsgespräch können Teile des ersten wiederholt und abgeglichen werden. Wir stellen hier aber noch einige zusätzliche Fragen zur Verfügung. Das Ziel dieses Gespräches besteht in der Regel darin, mehr über die Herangehensweise an Aufgaben zu erfahren:

- Welches Entwicklungsziel haben Sie für Ihr Gebiet?
- Welche konkreten Einzelschritte haben Sie dafür unternommen?
- Welchen Zeitrahmen haben Sie sich dazu gesetzt?
- Gibt es besondere Aktivitäten, die Sie innerhalb Ihres Gebietes alleine durchführen können? Welche sind das? (mindestens drei Beispiele)
- Wie ist Ihre Kunden-Umsatz-Struktur? (Verteilung A/B/C-Kunden)
- Wie ist Ihre Spartenspezialisierung?
- Wie können Sie Ihre Prämienstruktur verbessern?
- Wie viele Kunden haben Sie im letzten Jahr dazugewonnen?
  - Wie ist Ihnen das gelungen? (bitte mindestens drei Beispiele)
- Welche und wie viele Kunden haben Sie verloren?
  - Wodurch ist das passiert? (bitte mindestens drei Beispiele)
- Welche dieser verlorenen Kunden können zurückgewonnen werden?
- Auf welche Weise könnten Sie schnellstmöglich Neukunden akquirieren?
- Auf welche Weise könnten Sie Ihre Abschlussquote (Angebote zu Abschlüssen) verbessern?
- Wie könnten Sie alle Reserven im Vermittlungsgeschäft (Referenzen) aktivieren?
- Wie stellen Sie eine kontinuierliche Gebietsinformation sicher?
- Was würden Sie tun, wenn der Umsatz in Ihrem Gebiet um 20 Prozent fällt, weil zwei Großkunden beim Wettbewerber abschließen?

Es empfiehlt sich, Menschen, die sich erstmals für eine Außendiensttätigkeit interessieren, nach dem Gespräch zusätzlich die folgende Checkliste an die Hand zu geben. Damit können sie für sich und ihr Umfeld noch einmal Anforderungen und Erwartungen miteinander abgleichen. Der Kandidat sollte sorgsam mit den Fragen umgehen und sie in jedem Fall – auch bei finanzieller Notlage – ehrlich beantworten. Sonst droht Ihnen als Arbeitgeber wie dem Bewerber ein „böses Erwachen“.

- Verfüge ich über die körperliche und psychische Konstitution, um mehrere Jahre lang überdurchschnittlich lange Arbeitstage auszuhalten?
- Weiß meine Familie, dass ich sie in den Jahren des Etablierens vernachlässigen muss? Werde ich von ihr unterstützt oder laufe ich Gefahr, in familiären Stress zu geraten?
- Verliere ich mich beim Auftauchen mehrerer Probleme in Einzelheiten und gerät der Überblick außer Kontrolle?
- Reicht meine Kontaktfreude aus, um von meiner Kundschaft und von Konkurrenten so viel zu erfahren, dass ich mir einen Wettbewerbsvorteil verschaffen kann?
- Kann ich mich und andere immer wieder selbst motivieren?
- Kann ich meine Argumente erfolgreich anbringen und in die Praxis transferieren?
- Denke ich mir die Auswirkungen meines Handelns bis zum Ende aus?
- Kann ich organisieren?
- Schiebe ich Probleme gerne auf anstatt sie offensiv anzugehen?
- Plane ich nicht nur den nächsten, sondern auch vorausschauend die folgenden Schritte und Aufgaben?
- Kann ich mich schnell neuen Situationen und Erfahrungen anpassen?
- Habe ich genug Durchhaltevermögen, um meine Ziele auch langfristig zu erreichen?

4.5.9 Zweitinterview für neue Mitarbeiter im Innendienst

Im zweiten Bewerbungsgespräch können ebenfalls Teile des ersten Interviews wiederholt und abgeglichen werden. Das Ziel dieses Gespräches ist es, auch bei Bewerbern für den Innendienst mehr über ihre Herangehensweise an Aufgaben zu erfahren:

- Welches Ziel haben Sie für Ihre Probezeit?
- Welche konkreten Einzelschritte benötigen Sie dafür?
- Welchen Zeitrahmen haben Sie sich dazu gesetzt?
- Wie stellen Sie sich Ihre Einarbeitung in der ersten Woche vor?
- Wie können Sie schnellstmöglich selbstständig arbeiten?
- Was an Ausbildung / Betreuung benötigen Sie aufgrund der Aufgabenschilderung darüber hinaus?
- Gibt es besondere Aktivitäten in der ersten Zeit, die Ihnen wichtig sind? Welche sind das? (mindestens drei Beispiele)
- Wie stellen Sie sich unsere Zusammenarbeit vor?
- Was ist Ihnen wichtig bei der internen Kommunikation?
- Wie gehen Sie generell mit Kunden um?
- Wie reagieren Sie auf Kundenbeschwerden oder Reklamationen?
- Wie würden Sie Termine vereinbaren?
- Welche Art von Terminkalender würden Sie hier anwenden?
- Wie gehen Sie bei der Bearbeitung eines Schadens vor?
- Welchen Servicelevel würden Sie sich setzen?
- Wie pflegen Sie Ihre Kontaktdaten?
- Wie lösen Sie folgende, komplexe Aufgabe (...)?
- Wie definieren Sie Ihre künftige Rolle?
- Welche Veränderungsvorschläge haben Sie für unseren Betrieb?

4.5.10 Welche Fragen können nicht gestellt werden?

Generell unzulässig sind Fragen nach:

- bestehender Schwangerschaft (Ausnahme: wenn sich nur Frauen um die Stelle bewerben)
- Heiratsplänen oder Kinderwunsch
- Scheidungen oder bisherigen Ehen
- Behinderungen
- dem Lebensalter
- der Religionszugehörigkeit
- der Freizeitgestaltung
- Vorstrafen (es sei denn arbeitsplatzrelevant wie z. B. bei der Polizei und auch in der Versicherungswirtschaft)
- Vermögensverhältnissen (es sei denn, besonderes Vertrauensverhältnis wie z. B. Buchhalter oder leitende Angestellte)
- Parteizugehörigkeit (Ausnahme: parteipolitisch abhängige Organisationen/Unternehmen, gilt also nicht für die Versicherungswirtschaft)
- wahrgenommenen öffentlichen Ämtern und Ehrenämtern
- einer Gewerkschaftszugehörigkeit
- Mitgliedschaften in Vereinen und Verbänden
- dem Austritts- oder Kündigungsgrund beim früheren Unternehmen

Ein Bewerber muss auf unzulässige Fragen nicht wahrheitsgemäß antworten (BAG 5.12.1957, AZR 594/56).

4.6 Telefonische Referenzen einholen

Unter Referenzen versteht man die Informationserhebung über einen Bewerber bei früheren Vorgesetzten oder Kollegen, die diese Person durch eigenen Umgang persönlich kennen. Wir zeigen Ihnen hier eine Reihe von Fragen, von denen Sie die für Sie Wesentlichen herausnehmen können. Strukturierung ist allerdings unerlässlich, um zielgerichtete Informationen über die noch offenen Fragebereiche zu bekommen.

Aus vertraulichen Gründen ist es üblich, den Bewerbenden um Namen für eine telefonische Referenz zu bitten. Meistens werden bereitwillig Referenzen gegeben. Sie werden erleben, dass Angerufene ins Plaudern kommen, wenn Sie es schaffen, gut zuzuhören. Gleichzeitig sind wir immer wieder überrascht, wie wenig und selten dieses Werkzeug eingesetzt wird. Rekrutierende scheuen sich vielfach frühere Vorgesetzte oder Kollegen zu kontaktieren. Dies ist eigentlich überraschend, wenn man den Zeitaufwand in Relation zu den vielfältigen Informationen sieht. Wählen Sie einfach die für Sie passenden Fragen aus und ergänzen diese um für Sie relevante Themen.

Name:	Datum:
Ansprechpartner:	Telefonnummer:

1. Sich selbst **vorstellen!**
2. Erklären Sie, wie es zu dem Kontakt kommt. Betonen Sie, dass der Bewerbende den Angerufenen als **Referenzperson** benannt hat.
3. Nehmen Sie dem Angesprochenen die Scheu, er müsse jetzt ein Urteil über z. B. seinen früheren Kollegen / Mitarbeiter fällen! Betonen Sie, dass seine Auskunft nur **abrundenden Charakter**, z. B. für die Einleitung von späteren Entwicklungsmaßnahmen, die Einarbeitung oder für Zielvereinbarungen hat.

Fachlicher / Bereich

- Wie schätzen Sie die fachliche Eignung von Herrn / Frau X für die Tätigkeit als Y ein?
- Welche Auffälligkeiten gab es im Arbeitsverhalten?
- Welche Qualitätsprobleme in den Arbeitsergebnissen von Herrn / Frau X gab es?
- Welche Quantitätsprobleme in den Arbeitsergebnissen von Herrn / Frau X waren vorhanden?

Zwischenmenschlicher Bereich

- Wie haben Sie Herrn / Frau X im zwischenmenschlichen Verhalten erlebt?
- Wie gestaltete sich der Umgang mit Kollegen?
- Wie gestaltete sich der Umgang mit Kunden?
- Welche Schwierigkeiten gab es in der Zusammenarbeit?
- Wie ging Herr / Frau X mit Mitarbeitern um?
- Wie haben Sie seinen / ihren Führungsstil erlebt?

Leistungsverhalten

- Wie erfolgreich haben Sie ihn/sie als Innendienstkraft/Außendienstkraft/Makler erlebt?
- Wo lagen seine/ihre besonderen Erfolge? Beispiele:
- Wo lagen seine/ihre besonderen Misserfolge? Beispiele:
- Was hätten Sie sich gewünscht, was Herr/Frau X hätte anders machen sollen?
- Was treibt ihn/sie an? Beispiele:
- Was blockiert, ärgert ihn/sie? Beispiele:
- Gibt es heute noch Kunden, die sich gern an sie/ihn erinnern?
- Gab es Kundenbeschwerden und wenn ja, worüber?

Motivations- und leistungsbezogene Gesichtspunkte:

- Wie schätzen Sie die Karriereorientierung von Herrn/Frau X ein?
- Wie haben Sie die Leistungsbereitschaft von Herrn/Frau X erlebt?
- Halten Sie Herrn/Frau X für ehrgeizig?

Sonstiges

- Würden Sie Herrn/Frau X heute nochmals einstellen – mit ihm/ihr wieder gerne zusammenarbeiten?
- Gab es sonstige Eindrücke, die Ihnen noch deutlich vor Augen sind?
- Wenn es Probleme mit Herrn/Frau X gegeben hat, wo lagen diese dann?
- Wir haben in unseren Gesprächen mit Herrn/Frau X folgende **Beobachtungen** machen können:
  - Herr/Frau X war im persönlichen Umgang …
  - Herr/Frau X zeigte während der Gespräche …
  - Herr/Frau X erschien uns …
  - Können Sie diese Eindrücke bestätigen?

Bedanken Sie sich für das Gespräch und sichern Sie **Vertraulichkeit** hinsichtlich der gegebenen Informationen zu.

4.7 Klare Kriterien: Gespräche bewerten

Anhand der Kriterien aus dem Anforderungsprofil und der im Interview gegebenen Antworten schätzen Sie bitte die geforderten Kernkompetenzen nach dem Schema „nicht erkennbar – zu wenig erfüllt – teilweise erfüllt – voll erfüllt“ ein. Lassen Sie sich dabei nicht vom emotional Erlebten, sondern ausschließlich von den einzelnen Prüfungskriterien leiten. Hier gilt es, einen klaren Kopf zu bewahren und nicht nach dem Bauchgefühl zu entscheiden.

Wir haben schon häufig genug erlebt, dass bei der abschließenden Beurteilung von Bewerbern sämtliche Vernunft ausgeschaltet wurde. Wenn es dann mit der Zusammenarbeit nicht funktioniert, wird plötzlich festgestellt, dass der Bewerber den aufgestellten Kriterien nur in geringem Maße entspricht. Die in solchen Fällen fabrizierten Kosten hätten nicht entstehen müssen, wenn der Beurteilende nach rein objektiven Kriterien vorgegangen wäre.

Im Umkehrschluss ist es dagegen durchaus möglich, Bewerber aufgrund eines schlechten Bauchgefühls nicht einzustellen, auch wenn sie das Anforderungsprofil nach Analyse der Bewerbungsunterlagen plus der Gesprächsauswertung gut bis sehr gut erfüllen.

Auch hier verwenden wir wie schon bei der Einschätzung der Bewerbungsunterlagen als Basis die Funktionsbeschreibung und das Anforderungsprofil.

		Bewertung				
Kategorie	Anforderungen	+	0	–	./.	konkrete Angaben
Allgemeine Anforderungen						
	höchster Schulabschluss					
	Ausbildung					
	Berufserfahrung in Jahren					
	Gehaltswunsch					
	Bewerbungsunterlagen					
	Führerschein					
Fachliche Kompetenz						
	Erfahrung in der Versicherungsbranche					
	Erfahrung in der Kundenbetreuung					
	Ablage					
	Selbstmanagement					
	Büroanwendungen					
	Internet und Intranet					
	Büroinfrastruktur / Hardwarebetreuung					
Persönliche Kompetenz						
	Flexibilität					
	Initiative					
	Auftreten					
	Schreibstil					
Selbstorganisation						
	Organisationshilfen					
	Arbeitsqualität					
	Arbeitsquantität					
	Umgang mit Ressourcen, kostenbewusstes Handeln					
Soziale Kompetenz						
	Zusammenarbeit					
	zielorientiertes Arbeiten					
	Überzeugungskraft					

Abbildung 4–9: *Einschätzung nach dem Gespräch*

- Bewerten Sie das Interview so schnell es geht.
- Wie schon bei der Einschätzung der Bewerbungsunterlagen sind die Funktionsbeschreibung und das Anforderungsprofil die Basis für Ihre Einschätzung.
- Sprechen Sie mit anderen über Ihr Urteil, z. B. Partner.
- Prüfen Sie die gewonnenen Informationen hinsichtlich Realitätsgehalt und Verlässlichkeit.
- Gewichten Sie die Informationen in Bezug auf Ihre Zielsetzungen und Anforderungen.
- Führen Sie die fachliche Bewertung der Bewerberqualifikation in Hinsicht auf die Funktion durch, z. B. auf der Basis von Referenzen.
- Notieren Sie sich die Eigenschaften, die den Bewerber als geeignet für die Funktion erscheinen lassen.
- Bewerten Sie erst zum Schluss des Gespräches die Gesamtpersönlichkeit des Bewerbers.
- Machen Sie sich immer bewusst, dass das Verhalten des Bewerbers im Interview nur bedingt auf die Normalsituation übertragbar ist.

4.8 Einige kritische Anmerkungen zu Tests

Nach dem Überprüfen der Bewerbungsunterlagen werden manchmal auch Tests zur weiteren Überprüfung der Bewerber durchgeführt. Es stehen verschiedene Verfahren zur Verfügung:

- **IQ-Tests:** Mittels Standards können kognitive Fertigkeiten geprüft werden. Es gibt heute Ansätze, diese aufgrund der unzuverlässigen Schulnotenaussagen wieder einzusetzen. Wissenschaftlich abgesicherte Tests können sagen, wie gut oder schwach eine Person ist. Diese Tests sind wissenschaftlich gut abgesichert.
- **Persönlichkeitstests**: Ähnlich wie bei IQ-Tests existieren einige Persönlichkeitstests mit standardisierten Verfahren, mit deren Hilfe sich Aussagen über Persönlichkeitszüge machen lassen Es gibt mittlerweile recht gut wissenschaftlich abgesicherte Tests, die Persönlichkeitszüge beschreiben.
- **Graphologische Gutachten**: Schriftproben werden subjektiv analysiert. Wissenschaftlich ist diese Methode nicht abgesichert. Wir sehen diese Methode sehr kritisch.
- **Projektive Verfahren**: Aus der Interpretation von bestimmten Bildern wird auf die Persönlichkeit geschlossen. Da das Verfahren wissenschaftlichen Standards nicht genügt, können wir es nicht empfehlen und halten es für groben Unfug.
- **Assessment Center (ACs):** Eine Mischung aus Selbstpräsentation, Gruppengesprächen, Mitarbeiter- oder Verkaufsgesprächen und optionalen anderen Tests. ACs sind, wenn sie die Qualitätskriterien erfüllen, die beste abgesicherte Methode.
  - Gruppen-ACs dürften eher etwas für größere Unternehmen sein, weil man dazu eine gewisse Anzahl von Bewerbern und Beobachtern braucht.

    Das Verfahren wird bevorzugt von größeren Firmen eingesetzt, da es sich in seiner idealen Ausführung als vergleichsweise teures Verfahren erweist. Bewerbern bietet es den Vorteil, sich zum einen für einen längeren Zeitraum in die künftige Rolle zu versetzen und zum anderen die Umgangsformen im Unternehmen kennen zu lernen. Es dürfte außerdem auch die Wahrscheinlichkeit erhöhen, dass der Bewerber tatsächlich bei dem Unternehmen beginnt, weil er besonders viel Zeit in den Bewerbungsprozess investiert hat. Voraussetzung dafür ist, dass die Firma auch am AC-Tag einen positiven Eindruck beim Bewerber hinterlässt.

    Das Verfahren bietet die Chance, das tatsächlich gezeigte Verhalten des Bewerbers durch mehrere Beobachter zu betrachten. Allerdings können sich auch Beobachter bei Assessment Centern nicht ihrem Bauchgefühl entziehen. So haben wir schon das ein oder andere Mal erlebt, dass Bewerber trotz hoher Erfolgswerte über alle Übungen dennoch keine Empfehlung für eine Position erhalten.
  - Die Alternative auch für kleine Firmen ist ein Einzel-AC, in dem der Bewerber einer Anzahl von unbedingt nahe an der zukünftigen Aufgabe liegenden Tests unterworfen wird.

Alle standardisierten Verfahren sollten nur von erfahrenen Psychologen / Pädagogen eingesetzt werden.

Falls Sie die Gesellschaft selber nicht bei der Bewerbung unterstützt, gibt es noch die Option, Online-Tests durchzuführen. Viele Konzerne bieten heute für zukünftige Mitarbeiter im Vertrieb solche Verfahren an:

- Eine Option kann sein, den Bewerber einen Online-Test im eigenen Beisein machen zu lassen und gemeinsam das Ergebnis anzusehen. Im Beisein deshalb, damit Sie sich optional begründen lassen können (NUR ZUHÖREND!!!), weshalb Ihr Bewerber die Antworten so oder so gibt. Das lässt Sie wertvolle zusätzliche Eindrücke gewinnen, die Ihnen bei Ihrer Entscheidung helfen.
- Das Test-Ergebnis kann Ihre Entscheidung stützen oder hinterfragen.
- Aber nochmals: Solche Tests haben nur ergänzenden Charakter und können ernsthafte Interviews niemals ersetzen.

Im Anhang stellten wir Ihnen eine Reihe von Links zusammen. Bitte beachten Sie, dass sich diese schnell ändern können (siehe im Anhang: 8.9 Online-Tests).

Behelfsweise besteht auch die Möglichkeit, ein Kurz-AC innerhalb der Agentur durchzuführen. Bestandteile könnten sein:

- Verkaufen Sie mir ein beliebiges Produkt!
- Rufen Sie fünf Kunden an (Servicetelefonie oder Terminvereinbarung)!
- Wenn morgen Ihr erster Arbeitstag wäre, wie würden Sie ihn strukturieren? Erstellen Sie einen Arbeitsplan!
- Präsentieren Sie mir Ideen für die Neuakquise eines bestimmten Produktes und beziehen Sie auch den finanziellen Aufwand mit ein!

Nutzen Sie hier auch das Vier-Augen-Prinzip, indem Sie eine dritte Person (von der Gesellschaft, anderer Mitarbeiter oder Partner) zu diesem Verfahren hinzuziehen.

4.9 Mehrere Kontakte, um Arbeitsproben zu erhalten

Zwischen dem ersten Bewerberkontakt und einem möglichen Vertragsbeginn sollte der Betriebsinhaber immer wieder aktiv auf den Wunschkandidaten zugehen, um die Verbindlichkeit noch einmal zu erhöhen. Oftmals bestärken Kleinigkeiten eine Entscheidung eher als z. B. der Verdienst, weil die Wechselentscheidung des Bewerbers zu großen Teilen aus seinem Bauchgefühl heraus entsteht.

5 Entscheidung für oder gegen eine Anstellung

5.1 Meine Entscheidung abstützen

Die Personalentscheidung abzustützen bedeutet zunächst, noch einmal kritisch zu hinterfragen, ob Sie auch auf mittlere bis lange Sicht zum selben Ergebnis kommen würden. Ist das der Fall und Sie können sich mit dem Wunschmitarbeiter auch eine Zusammenarbeit über mehrere Jahre hinweg vorstellen, informieren Sie den Bewerber und bitten ihn schnellstmöglich zum Vertragsgespräch. Herr Peter brachte dann noch einen interessanten Gedanken auf: Bei Bewerbern für den Außendienst kann ich ein drittes Gespräch beim Bewerber zuhause führen. Sie haben damit die Möglichkeit, das soziale Umfeld Ihres künftigen Mitarbeiters kennen zu lernen. Mit der Familie darf ein wichtiger Faktor nicht vernachlässigt werden. Durch die Belastungen im beruflichen Alltag steigt die Gefahr familiärer Spannungen. Unterstützung und Verständnis seitens des Partners sind entscheidend, um neue Kraft zu schöpfen.

Dadurch erfahren Sie, ob der Partner die Entscheidung mitträgt und unterstützt oder aber Sie mit permanentem Gegendruck aus dieser Richtung rechnen müssen. Für die Einsatzbereitschaft insbesondere bei Abendterminen, die im Außendienst nun einmal unumgänglich sind, ist in einem solchen Fall der Misserfolg vorprogrammiert. Ein Gespräch im Beisein des Partners bietet zudem die Chance, den Wahrheitsgehalt von Aussagen zu überprüfen. Sozial erwünschte Antworten sind in diesem Umfeld nicht so leicht zu geben. Sie können hier insbesondere auch die Reaktion des Partners genau beobachten.

Herr Peter erzählte mir dazu folgendes Beispiel aus der Praxis: Ein Bewerber als Verkäufer im Außendienst hatte in beiden Gesprächen einen sehr guten Eindruck gemacht. Er erfüllte das Anforderungsprofil in vollem Umfang, so dass dieser Kandidat eingestellt wurde. Hätte der Agenturleiter ein weiteres Gespräch in seiner heimischen Umgebung mit ihm geführt, wäre er auf die zwei großen Schäferhunde aufmerksam geworden, die mit in der Wohnung des Bewerbers lebten. Die Lebensgefährtin des Bewerbers war häufig auf Dienstreisen, so fiel die Verantwortung für die Tiere überwiegend auf den Bewerber. Durch die Enge der bewohnten Räumlichkeiten benötigten die beiden Hunde zudem besonders viel Auslauf. Die Zeit des Bewerbers war also täglich drei bis vier Stunden mit dem Ausführen der Hunde gebunden. Dies führte dazu, dass er kein hundertprozentiges Engagement in seinem neuen Job zeigte und schließlich das Vertragsverhältnis mit ihm wieder aufgelöst wurde. Das Beispiel soll nicht die Aussage treffen, dass Außendienstmitarbeiter keine Haustiere halten sollten. Unter den geschilderten Umständen waren die Erfolgsaussichten des Mitarbeiters jedoch von Beginn an stark eingeschränkt, was allein durch seine Unterlagen und die Bewerbungsgespräche in der Agentur nicht erkannt werden konnte.

Herr Peter sagte zu mir: Wenn Sie auch nach diesem Gespräch nach wie vor Zweifel haben, ist es besser, sich gegen einen Bewerber zu entscheiden. Setzen Sie die Suche nach der idealen Person besser fort, als sich mit hohen Investitionskosten eine Fehlbesetzung einzukaufen, die Sie wirtschaftlich und psychisch gleichermaßen verkraften müssen.

Ist Ihre Entscheidung positiv ausgefallen, werden im Vertragsgespräch alle offenen Fragen abschließend geklärt. Außerdem muss hier konkret vereinbart werden, was bis zum Arbeitsbeginn noch zu tun ist. Das können bei einer Innendienstkraft

- zusätzliche Lichtbilder,
- ein polizeiliches Führungszeugnis oder
- das Einholen der Schufa-Selbstauskunft sein.

Bei einem Außendienstmitarbeiter beträfe das zum Beispiel zusätzlich

- die Gewerbeanmeldung,
- die Registrierung bei der IHK,
- den Nachweis der Vermögensschadenhaftpflicht,
- die Einwilligungserklärung zur AVAD und
- eine Führerscheinkopie.

Mithilfe dieser Unterlagen sichern Sie Ihre Entscheidung noch einmal dahingehend ab, dass der Bewerber vielleicht trotz eines noch so positiven Eindruckes keine „Leichen im Keller" hat, die er verborgen halten wollte. Auch sollten Sie immer Einsicht in den Personalausweis des Bewerbers nehmen.

Im Vertragsgespräch geben Sie außerdem ein Gesamtfeedback zum Bewerbungsprozess und teilen dem Bewerber mit, warum Sie sich für ihn entschieden haben. Lassen Sie sich dies auf jeden Fall zuerst auch aus Sicht des Bewerbers berichten: das stellt für Sie ein wichtiges Feedback dar. Daraus können Sie bei genauem Hinhören erschließen, wie die Aussage gemeint ist.

- Herrscht Zuversicht und Freude über die zukünftige Zusammenarbeit?
- Sind die monetären Vorstellungen erfüllt worden?

Das ist vor allem dann wichtig, wenn der Arbeitsbeginn aufgrund vorvertraglicher Bindungen noch weit in der Zukunft liegt. Wird der Bewerber absagen, war Ihre Investition umsonst. Sie müssen den gesamten Prozess neu starten und können andere qualifizierte Kandidaten nicht berücksichtigen. Das werden Sie dem Bewerber gegenüber auch klar formulieren.

Ebenso werden Sie noch einmal im Detail besprechen, wie die Einarbeitung in der ersten Arbeitswoche aussehen wird und gegenseitig Ihre Erwartungen an die Zusammenarbeit formulieren. Das gibt beiden Seiten Sicherheit und Sie merken spätestens an dieser Stelle, wenn ein Mitarbeiter sich in erste Ausflüchte begibt oder plötzlich seine Prioritäten verändert. Halten Sie diese Absprachen schriftlich fest und nutzen Sie diese später für die Zielvereinbarung.

Unterzeichnen Sie den Vertrag beiderseitig direkt während des Gespräches oder vereinbaren Sie einen festen Termin für die Rückgabe.

5.2 Absagen: Wie und wann?

Es gibt grundsätzlich zwei Möglichkeiten für den Zeitpunkt, wann Sie Bewerbenden, die nicht in Frage kommen, absagen. Die erste Möglichkeit ist, unmittelbar nachdem Sie den Bewerbenden als nicht geeignet eingeschätzt haben, die Absage zu versenden.

Die zweite Möglichkeit ist, alle Bewerbenden, die keinen Arbeitsvertrag bekommen, erst am Ende des Auswahlprozesses zu informieren.

Die erste Variante ist für den Bewerbenden sicher von Vorteil: er weiß in der Regel früher über die Entscheidung Bescheid. Für die zweite Variante spricht der Aufwand. Es braucht insgesamt weniger Zeit, wenn allen nicht in Frage kommenden Kandidaten in einem Zug abgesagt wird.

Für Absagen an sich gilt es generell, Folgendes zu berücksichtigen:

- **Gemäß AGG dürfen Bewerber nicht diskriminiert werden**. Das bedeutet, dass die Absagen sehr diplomatisch formuliert werden müssen: Am besten halten Sie Ihr Schreiben sachlich auf Minimalniveau und geben inhaltlich nichts weiter preis.
- Begründen Sie Ihre Ablehnung immer mit einer Standardformulierung wie „Einer Person (geschlechtsneutral), die besser geeignet erschien, wurde der Vorzug gegeben." oder „Wir haben einer anderen Bewerbung (geschlechtsneutral) den Vorzug gegeben."
- Schicken Sie die Absage baldmöglichst, jedoch nicht unmittelbar nach dem Gespräch. Damit verhindern Sie, dass die Absage den Eindruck vermittelt, es handele sich um einen unter das AGG fallenden Grund für die Ablehnung.
- Bleiben Sie immer freundlich und neutral (man sieht sich mindestens zwei Mal im Leben).

Hier sind exemplarisch zwei Negativbeispiele aufgeführt, bei denen Sie beim Lesen Ihre eigene Reaktion auf den gewählten Text überprüfen können:

a. „Zu unserem Glück konnten wir uns für einen Kandidaten entscheiden, dessen Profil sehr genau den Anforderungen der ausgeschriebenen Stelle entspricht. Darüber sind wir wirklich froh." oder

b. „Uns erreichte eine Vielzahl an qualitativ hochwertigen Bewerbungen, die den Anforderungen der Stelle besser entsprechen."

Sie sehen, auch AGG-konforme Formulierungen können verletzend auf Bewerber wirken. Besser klingt daher ein Text wie:

> *„Ihre Unterlagen haben wir geprüft und einen positiven Eindruck Ihrer Qualifikationen erhalten. Momentan können wir Ihnen kein adäquates Projekt anbieten und würden Ihre Daten gerne – Ihr Einverständnis vorausgesetzt – in unserer Datenbank belassen. Bei passenden Stellenangeboten kommen wir gern direkt auf Sie zu und werden mögliche Optionen mit Ihnen besprechen."*

Diese Formulierung enthält bereits den Hinweis auf das Einverständnis zur Datenspeicherung. Das sollte allerdings auch nur erfolgen, wenn es wirklich Ihrerseits so gemeint ist.

Andernfalls könnte eine Absage wie folgt aussehen:

> *„Wir haben Ihre Unterlagen sorgfältig geprüft. Leider müssen wir Ihnen mitteilen, dass wir Ihre Bewerbung nicht berücksichtigen können. Die Entscheidung ist uns nicht leicht gefallen und wir bedauern sehr, Ihnen keine positive Nachricht geben zu können."*

Ebenso wie in Zeugnisse gehört immer ein Satz wie *„Für Ihren weiteren beruflichen und privaten Lebensweg wünschen wir Ihnen alles Gute und viel Erfolg"*.

Halten Sie an neutralen Formulierungen auch in allfälligen, folgenden Telefonanrufen grundsätzlich fest. Herr Peter erzählte, dass er da selber ab und zu in einen internen Konflikt komme. Man findet ja Bewerber auch sympathisch und möchte ihnen bei Absagen für die nächste Bewerbung Tipps geben. Wenn am Telefon dann zusätzliche Informationen fließen, ist auch dies nicht AGG-konform.

5.3 Die Phase bis zum ersten Arbeitstag

Bis zum ersten Arbeitstag gibt es vor allem To-Dos für Sie als Arbeitgeber: So ist zunächst einmal der Arbeitsplatz einzurichten. Auch die technische Ausstattung muss angeschafft werden, sofern beides noch nicht vorhanden ist, weil es zum Beispiel von einem Vorgänger nicht übernommen werden kann. Dabei empfiehlt es sich, den künftigen Mitarbeiter in die Entscheidung einzubinden. Das steigert noch einmal die Verbindlichkeit zwischen Ihnen und dem künftigen Mitarbeiter. Daneben sorgt es für höheres Wohlbefinden vom ersten Arbeitstag an und dürfte den Mitarbeiter sogar schneller produktiv machen.

Gleichermaßen ist der Mitarbeiter evtl. zu einem Einstiegsseminar anzumelden. Weitere Mitarbeiter im eigenen Unternehmen sowie bei den Gesellschaften sind zu informieren und die Verteilerkreise zu erweitern. Postfach, E-Mail-Adresse und Passwörter für den Neuen sind einzurichten. Sie werden den Mitarbeiter auch in Ihre Vermögensschaden-, Unternehmenshaftpflicht- und Rechtsschutzpolice aufnehmen lassen.

Weiterhin ist der Einarbeitungsplan vorzubereiten und gegebenenfalls intern wie extern mit weiteren Beteiligten abzustimmen. Sofern vorhanden, ziehen Sie einen Coach oder Einarbeiter der Gesellschaft hinzu und planen gemeinsam mit ihm die Einarbeitung. Wir empfehlen in jedem Falle, frühzeitig zu planen, den neuen Mitarbeiter in Erfahrungsaustausche zwischen Kollegen zu integrieren, bei Fachspezialisten der Gesellschaft vorzustellen oder wenn möglich eine Patenschaft mit einer anderen Agentur zu suchen. Es ist zu überlegen, ob Sie eine Patenschaft innerhalb des Unternehmens bei entsprechender Größe organisieren. Damit werden auch informell Informationen übermittelt und der neue Mitarbeiter kann schneller in die Organisation integriert werden und dies schafft zusätzlich eine höhere Bindung. Sie bieten einen Vertrauensvorschuss an und schaffen beste Voraussetzungen für eine langfristige Zusammenarbeit.

Schließlich hat auch der neue Mitarbeiter die Aufgabe, einzelne Unterlagen beizubringen, an die Sie ihn am besten mit einer kurzen Checkliste erinnern. Dazu zählen Steuer- und Sozialversicherungsnummer sowie der Nachweis über eine Krankenversicherung.

Sehr wichtig ist, je nach zeitlichem Abstand bis zum Vertragsbeginn zwischendurch mit dem neuen Mitarbeiter Kontakt zu halten. Auch das hilft für die Bindung und signalisiert Ihnen optional schneller auftauchende Unsicherheiten.

6 Die Einarbeitungsphase – Die erste Zeit des Neuen

6.1 Der Einarbeitungsplan

Die Probezeit ist für Arbeitgeber wie für neue Mitarbeiter gleichermaßen richtig und wichtig. Nutzen Sie diese Zeit, um sich auch in der Praxis abzusichern, dass Sie mit der Einstellung des Neuen die richtige Entscheidung getroffen haben. Meist braucht es dazu keine sechs Monate, denn Tendenzen sind frühzeitig erkennbar. Allerdings dient die Probezeit auch dazu, gegensteuern zu können, wenn es am Beginn holprig läuft.

Ein wichtiges Werkzeug ist der Einarbeitungsplan für den neuen Mitarbeiter, sofern Ihnen dieser nicht seitens einer Gesellschaft ohnehin zur Verfügung steht. Er enthält den zeitlichen und inhaltlichen Überblick über die ersten sechs Monate der Tätigkeit.

Dazu führen Sie auf:

- wer alles an der Einarbeitung beteiligt ist,
- welche feststehenden Komponenten es gibt (zum Beispiel Wochenplanung, Teamrunden, fixe Zusammenarbeitstage, Monats-/Quartalsbesprechungen, etc.),
- welche Komponenten flexibel sind (begleitete und/oder eigenständige Kundengespräche, Terminierungsübungen, Bestandsaktionen, Vor- und Nachbereitung von Kundengesprächen etc.),
- welche Seminare, Fortbildungen oder Prüfungen geplant sind und ob es sonstige feststehende Termine gibt (Messen, Tagungen etc.).

Wir zeigen beispielhaft einen Einarbeitungsplan für einen Verkäufer, bei dem Sie die zeitliche Komponente individuell anpassen können:

Einarbeitungs-schwerpunkt	Inhalte/Aktivitäten	Zeitraum	Mit wem?	Bis wann?
Einstiegsinformationen	• Eingangsformalitäten • An- und Abmeldung • Arbeitszeiterfassung • Kernarbeitszeiten • Pausenregelung • Schließregeln • Schlüsselübergabe und Quittierung • Postfach • Arbeitsplatz kennen lernen • persönliches Arbeitsmaterial • Materialentnahme • Umgang mit Wertstoffen/ Entsorgung von Müll • Information an Raucher • Kleiderordnung			
Allgemeine Regeln/ Informationen	• Zuständigkeiten (Organigramm) • Telefonverzeichnis • Telefonregelungen • Qualitätsmanagement • Mitarbeitervertretung • Regelung im Krankheitsfall • Urlaubsantrag • Besucherempfang und Repräsentation nach außen • Reisekostenabrechnung • Spesenregelung • Brandschutz			
Organisation	• sonstige Technikausstattung erhalten • Agenturabläufe kennen lernen und verstehen (Post- und Mailbearbeitung, Verantwortlichkeiten, Standardisierung) • Ansprechpartner vor Ort, deren Funktion und Aufgaben kennen lernen • Arbeitsmaterialien erhalten, kennen und anwenden • Broschüren, Flyer und Werbemittel kennen lernen • Coach, Einarbeiter, Paten kennen lernen • Wiedervorlagesystem kennen lernen und anwenden • Telefonanlage kennen lernen und damit umgehen können			

Technik	• PC übergeben, Zugänge einrichten • PC-Sicherheit, Passwörter • E-Mail-Konto und -adresse • Zugang zu Intranet und Internet • Mailverteiler einrichten • Anwendungssoftware kennen lernen • Angebote rechnen • Dunkelverarbeitung kennen lernen • Policieren • Schadenbearbeitung • Kundenverwaltung			
Eigene Versorgungssituation	• eigene Versorgungssituation analysieren • Versorgungslücken erkennen und Lösungsmöglichkeiten aufzeigen • Rundumanalyse durchgehen			
Produkte	• Sachversicherungen kennen lernen, verstehen und verkaufen können; dazu spezielle Produktbeschreibungen erstellen; Produkte in Verkaufsordner aufnehmen • Krankenzusatzversicherungen kennen lernen, verstehen und verkaufen können; dazu spezielle Produktbeschreibungen erstellen; Produkte in Verkaufsordner aufnehmen • Lebens- und Rentenversicherungen kennen lernen, verstehen und verkaufen können; dazu spezielle Produktbeschreibungen erstellen; Produkte in Verkaufsordner aufnehmen • Krankenvollversicherungen kennen lernen, verstehen und verkaufen können; dazu spezielle Produktbeschreibungen erstellen; Produkte in Verkaufsordner aufnehmen • Gewerbeversicherungen kennen lernen, verstehen und verkaufen können; dazu spezielle Produktbeschreibungen erstellen; Produkte in Verkaufsordner aufnehmen • Rundumanalyse anwenden können			

Schadenbearbeitung	• Abläufe und Grundsätze kennen lernen • Vollmachten kennen • Wiedervorlagesystem kennen • Kommunikation mit der Verwaltung sauber kennen: Ansprechpartner • Kundenkommunikation im Allgemeinen nach den betrieblichen Standards kennen • Ablage führen können • Nachbearbeitung von Schäden machen können			
Verkauf	• gemeinsame Vorbereitung von Kundenbesuchen mit dem Leiter machen • Kundenbesuche in Begleitung durchführen • Nachbereitung der Kundenbesuche machen einschl. Bordsteinkonferenz (siehe Checklisten im Anhang) • eigene Verkaufsunterlagen sinnvoll zusammenstellen • telefonische Terminvereinbarung in Begleitung durchführen • telefonische Terminvereinbarung selbstständig durchführen • Kundenbesuche selbstständig vor- und nachbereiten • Standardselektionen eigenständig bearbeiten und durchführen			
Sonstiges				

Einen beispielhaften Einarbeitungsplan für eine Innendienstkraft (ohne Verkauf) finden Sie im Anhang.

6.2 Zielvereinbarung

Wenn der Mitarbeitende seine Tätigkeit beginnt, stellt neben dem Überblick über den zeitlichen Ablauf eine Zielvereinbarung für die Probezeit sicher, dass Ihre Erwartungen und Absichten klar formuliert und verstanden werden. Sie bildet den wichtigsten Teil des Einarbeitungsplanes.

Zuerst zeigte mir Herr Peter seine Überlegungen auf und anschließend zeigte er mir verschiedene Varianten mit Formblättern, die dieses Verfahren unterstützen.

Bei der Erarbeitung einer Zielvereinbarung stehen folgende Überlegungen im Mittelpunkt:

Wo steht die Person heute?

Wenn Sie Entwicklung und Ergebnisse wollen, brauchen Sie Klarheit und Verbindlichkeit. Dies erreichen Sie, indem miteinander Ziele abgesprochen und Vereinbarungen schriftlich fixiert werden. Alles, was nicht schriftlich festgehalten wurde, wird bei unklaren Verhältnissen vergessen oder Opfer der vielfachen Interpretation.

Zur erfolgreichen Zielvereinbarung müssen Sie die Meinung der anderen Person über die persönliche und berufliche Entwicklung kennen. Offenheit ist jetzt notwendig. Es nützt nichts, sich über Entwicklungen Gedanken zu machen, wenn der Mitarbeiter andere Ziele verfolgt. Die nächsten Fragen können deshalb nur in einem offenen Mitarbeitergespräch beantwortet werden.

Wo soll sie hin?

Sie machen sich Gedanken, wohin der Mitarbeiter sich entwickeln soll. Diese Entwicklung ist unabdingbar mit den Zielen verbunden, die für diesen Mitarbeiter formuliert werden. Die Ziele können sowohl **aufgabenorientiert** wie auch **beziehungsorientiert** sein. Welche Inhalte genau aufgenommen werden, hängt selbstverständlich von den an Sie selbst gestellten Zielen ab. Wo wollen Sie als Unternehmer hin und wie kann Sie Ihr Mitarbeiter darin unterstützen (siehe 2.2 Wo wachse ich?).

Zusätzlich gibt es aber immer den **persönlichen Aspekt** zu beachten. Jede Person hat selbstverständlich eigene persönliche Ziele. Je enger sie mit Ihren unternehmerischen Zielen zur Deckung gebracht werden, desto eher werden diese auch erreicht. Diese persönlichen Ziele können Sie nur über offene Mitarbeitergespräche in Erfahrung bringen.

Wie kommt sie dahin?

Hier wird geklärt, was die Person unternehmen oder verändern muss, damit sie die Ziele erreicht. Beispielsweise wird ein Außendienstler, der das Ziel einer besseren Routenplanung hat, sich konkret an jedem Freitag die Fahrten der vergangenen Woche und die zu viel gefahrenen Kilometer verdeutlichen. Er wird diese erfassen und seinem Vorgesetzten vorlegen. Weiter wird er bei der Terminvereinbarung in etwa wissen, welche Gebiete an welchem Tag der nächsten Woche angefahren werden sollen. So kann er durch Reflektion und strukturiertes Vorbereiten der Terminvereinbarung seine Fahrtwege für die Zukunft optimieren. Durch die Beurteilung vom Vorgesetzten und wiederholtes Üben wird sich die Routenplanung automatisch verbessern. Das Gleiche gilt für die Terminierung der Kundengespräche.

Was braucht sie dazu?

Ohne Mitteleinsatz ist keine Veränderung möglich. Im oben genannten Beispiel wird deutlich, dass eine vorausschauende Routenplanung schon sehr große Abhilfe schafft. In der Praxis zeigt sich oft, dass mit kleinen Einsätzen vielfach schon große Veränderungen erreicht werden können. Aber auch das muss schriftlich formuliert werden.

Wie wird die „Zielvereinbarung" durchgeführt?

Wir setzen die Zielformulierung immer ein, wenn es eine klare und verbindliche Absichtserklärung braucht. Dies gilt insbesondere während der Einarbeitung, im weiteren Verlauf der Zusammenarbeit, bei der Förderung und Weiterentwicklung von Mitarbeitern oder in Kundengesprächen.

1. **Formulieren** Sie für sich, was Sie vom zukünftigen Mitarbeiter erwarten.
2. Vereinbaren Sie ein **Gespräch** und bitten Sie den Mitarbeiter ebenfalls, sich auf das Gespräch (mit Ihren Werkzeugen) gut vorzubereiten. Herr Peter meinte, dass die Vorbereitung von wenigen Mitarbeitern wirklich ernst genommen wird. Das bedingt, dass Sie mehr Energie dafür aufwenden müssen, damit der Mitarbeiter sich tatsächlich mit den vereinbarten Zielen identifiziert.
3. Variante 1 – wenn der Mitarbeiter nicht so selbstständig und hoch motiviert ist: Stellen Sie Ihre **Vorschläge, Ziele** und **Maßnahmen** vor und lassen Sie ihn diese ergänzen.
4. Variante 2 – wenn der Mitarbeiter relativ selbstständig und hoch motiviert ist: Bitten Sie ihn um seine **Vorschläge, Ziele** und **Maßnahmen** und ergänzen Sie diese um Ihre eigenen.
5. Fixieren Sie konkrete **Ziele und Maßnahmen** und vereinbaren Sie einen **Termin**, an dem Sie die **Ergebnisse** kontrollieren. Im Einarbeitungsplan sind die Zeiträume bereits fix vorgegeben, so dass Sie nur noch konkrete Termine festlegen müssen.

Ziele formulieren

Immer wieder stehen wir vor der Situation, Ziele formulieren zu müssen. Herr Peter sagte, wir machen die Erfahrung, dass unter Zielen alle möglichen Begriffe verstanden werden.

- Mit Zielen meinen wir einerseits zukünftige Absichten oder Visionen.
- Andererseits meinen Pragmatiker konkrete Ergebnisse und tatsächlich Messbares.
- Andere verstehen unter Zielen aber auch Methoden und Vorgehensweisen, wie man bestimmte Dinge erreicht.

Jedenfalls fanden wir heraus, dass wir eine einfache und für alle klar verständliche Methode benötigen, damit kein begrifflicher Wirrwarr herrscht. Wir stellen Ihnen dazu einige klare Methoden vor.

Neben den im Vertrieb unumgänglichen Verkaufszielen gehören in Zielvereinbarungen Inhalte, die die methodische und organisatorische Entwicklung betreffen. Dazu zählen beispielsweise Zeitmanagement oder Arbeitsplanung. Auch wenn die Gesellschaft Meilensteine definiert, welche für die Ausbildung des Mitarbeiters vorgesehen sind, können zusätzliche, speziell auf die Agentur/das Unternehmen abgestimmte Ziele sinnvoll sein.

6.2.1 Variante 1: SMART

Die eine Methode ist bekannt unter dem Namen SMART und sieht wie folgt aus:

Spezifisch (genau, exakt und präzise): Welcher Zielraum (z. B. Verkauf, Organisation, Produktkenntnis)

Messbar: Welches messbare Verhalten?

Anspruchsvoll und akzeptiert (erreichbar, angemessen, vereinbart): Wie kann vorgegangen werden und welche Methoden werden eingesetzt?

Realistisch (in Bezug auf Zeit, Kosten und Arbeitsaufwand): Warum muss das gemacht werden?

Terminiert (zeitlich gefasst, aktuell): Bis wann sollen diese Ziele erreicht werden?

S	**S**pezifisch: Welcher Zielraum?	**Produktkenntnis**
M	**M**essbar: Was soll erreicht werden?	
A	**A**nspruchsvoll: Wie soll vorgegangen werden?	
R	**R**ealistisch: Warum soll dieses Ziel verfolgt werden?	
T	**T**erminiert: Bis wann wird dieses Ziel erreicht?	

Abbildung 6–1: *SMART formulierte Ziele helfen klar zu bestimmen, welche Erwartungen wie erfüllt werden müssen*

6.2.2 Variante 2: ZIEL

Eine weitere Methode ist bekannt unter dem Namen ZIEL. Wir nutzten die Methode am Anfang schon, um das Ziel für die Rekrutierung zu formulieren.

Zweck	Zu welchem Zweck machen wir das? **WARUM** wird das getan?
Inhalt	Was ist dafür konkret zu tun? **WAS** für Handlungen, Aktivitäten sind gefordert?
Ergebnis	Was wird konkret erreicht? **WELCHE** Ergebnisse werden erwartet?
Länge	Bis wann werden die Ziele erreicht? **WANN** ist diese Aufgabe abgeschlossen?

Z (Zweck)	Was ist die Absicht? Was habe ich davon? Was bedeutet das für uns? **Warum?**	
I (Inhalt)	Methoden, Vorgehensweisen, Handlungen und Personen, Maßnahmen, Aktivitäten, Voraussetzungen Was brauche ich dazu? **Wie und womit?**	
E (Ergebnis)	Messbarer und überprüfbarer Zustand **Erfolgskriterien?** **Was?**	
L (Länge)	**Wie lange oder bis wann?**	

Abbildung 6–2: *Die ZIEL-Vorlage unterstützt, klar zu formulieren, warum, wie, was und bis wann erreicht wird*

SMART formulierte Ziele oder mit Hilfe von ZIEL formulierte Ziele helfen klar zu bestimmen, welche Erwartungen wie erfüllt werden müssen. Eine weitere einfache und vielfach eingesetzte Vorlage findet sich im Anhang.

6.3 Feedbackgespräche

Feedbackgespräche sind ein zentrales Führungsinstrument. So empfehlen wir gerade auch in der Einarbeitungsphase dieses zentrale Mittel zur Führung intensiv zu nutzen. Während der Probezeit bieten sich folgende Meilensteine für Feedbackgespräche mit dem neuen Mitarbeitenden an:

- am Ende des ersten Arbeitstages
- am Ende der ersten Arbeitswoche
- am Ende des ersten Arbeitsmonats
- zur Halbzeit der Probezeit
- zum Ende der Probezeit

Zur Vorbereitung der Feedbackgespräche kommen folgende Hilfsmittel zum Einsatz:

- die emotionale Bilanz
- die Leistungsbilanz
- das Anforderungsprofil
- die Zielvereinbarung
- der Einarbeitungsplan und
- die Gesprächsvorbereitung

Für die Feedbackgespräche am Ende des ersten Arbeitstages, der ersten Arbeitswoche reichen sicher die Bilanzen als vorbereitende Hilfen aus.

Für die Gespräche am Ende des ersten Arbeitsmonats empfehlen wir, die Bilanzen, den Einarbeitungsplan und die Zielvereinbarung zu verwenden.

Zur Halbzeit der Probezeit bzw. zum Ende der Probezeit kommen alle oben genannten Instrumente zum Einsatz.

Die Kriterien der Beurteilung sind für beide Seiten dadurch von Beginn an bekannt. Wir empfehlen, bei jedem Feedbackgespräch die Bilder zwischen den Beteiligten abzugleichen und im Ausblick die anstehenden Maßnahmen festzuhalten. Sowohl beim Bilderabgleich als auch beim Formulieren der Maßnahmen sehen Sie, wie gut oder eben wie weniger gut Sie und Ihr Gesprächspartner – hier in unserem Fall der Mitarbeitende – zusammenpassen. So werden Sie über die Zeit schon bald erkennen, ob Sie dauerhaft mit dem neuen Mitarbeiter zusammenarbeiten möchten. An dieser Stelle besteht auch eine große Chance, Defizite klar anzusprechen und in eine Richtung zu lenken, die eine gute Zusammenarbeit ermöglichen wird. Sehen Sie allerdings von Gespräch zu Gespräch immer mehr eine schwindende Perspektive, Differenzen in der Arbeitsauffassung auszuräumen oder haben Sie andere Defizite erkannt, die sich nur schwer beheben lassen, treffen Sie – so hart es sein mag – eine Entscheidung, sich wieder zu trennen.

Wir möchten Ihnen an dieser Stelle eine Geschichte erzählen, die uns Folgendes lehrt: **Langsam einstellen und sorgfältig entlassen.**

Folgende echte Begebenheit erlebten wir mit einem Freund:

> *Er ist zusammen mit einem Kollegen Geschäftsführer in einer kleineren Organisation (12 MA). Wir sprachen gelegentlich über seine Themen. Mir fiel dann auf, dass ein Name besonders häufig fiel. Nach dem* ***dritten*** *Mal reden und Ideen entwickeln, sagte ich ihm, entweder er führe jetzt endlich das Trennungsgespräch oder wir werden über das Thema nicht mehr reden. Schweren Herzens entschloss er sich und überzeugte über das Wochenende seinen Kollegen. Dann spielte sich Folgendes ab, wie mir mein Freund fassungslos am Abend berichtete: Die beiden saßen zu zweit an einem Tisch und die Person (Panzer – der Name ist Programm) kam herein. Sie setzte sich mit der Frage: „Ihr wollt mir kündigen?" Überraschung und Gestotter der beiden Herren. Frau Panzer steht auf und sagt: „Ihr zwei seid doch die zwei größten …, die ich kenne. An Eurer Stelle hätte ich das schon längst getan." Drehte sich um, ging, räumte ihren Arbeitsplatz und war in der gleichen Stunde weg. Sicher – eine (mögliche?) Ausnahme. Aber Sie können sich die Fassungslosigkeit der beiden sicher vorstellen.*

Langsam einstellen und sorgfältig, aber ohne Trödelei entlassen. Dieses Prinzip scheint auf den ersten Blick unmenschlich. Auf den zweiten Blick und bei genauerem Nachdenken spricht eine Menge von Gründen dafür:

1. Für den **Mitarbeiter** – In einer sich schnell verändernden Welt haben auch kleine Organisationen nicht die Aufgabe, problematische Mitarbeiter lange bei sich zu behalten. Wenn einmal Chancen über Zielvereinbarungen gegeben wurden und sich nichts änderte, dann ist wohl der betreffende Mitarbeiter nicht lernfähig. Auch für ihn ist es nicht angenehm, mit immer wieder den gleichen Themen überfordert zu werden.

2. Für die **Kollegen** – Falls noch andere mitarbeiten, werden diese mitleiden. Aus Menschlichkeit werden sie zu helfen versuchen und haben doch dabei selber den Anspruch, gute Arbeit zu machen. Neben den oftmals größeren Stimmungsproblemen, auftretenden Aggressionen bis hin zu Mobbingattacken zwingen Sie Ihre Mitarbeiter in eine schwierige Lage. Die Erfahrung zeigt, dass dann sogar gute Mitarbeiter kündigen und die Organisation mit den Schwachen zurückbleibt. Natürlich kratzt das auch an Ihrem Führungslack – früher oder später sind Sie im Fokus des Versagens.

3. Für **Sie als Chef** – Schließlich quälen Sie sich selber. Es ist für uns erschreckend, wie viel manche Vorgesetzte ertragen. Sie finden alle möglichen Ausreden, warum sie die unangenehmen Dinge nicht aussprechen wollen. Das reicht von der Angst vor sozialer Ächtung im eigenen Umfeld, der ewigen Hoffnung, dass es sich ja ändert bis hin zu der Erklärung, dass man vielleicht selber schuld sei – Ausreden. Wenn Sie für sich das unangenehme Gefühl haben: sprechen Sie es aus und leiten Sie einen Plan ein.

„If you fail to plan, you are planning to fail!" *– Benjamin Franklin.*

Es bedeutet auch, bei der Rekrutierung darauf zu achten, dass der neue Mitarbeiter „natürlicherweise" passt. Wie schon an anderer Stelle angeführt, kann es z. B. sehr aufschlussreich sein, den potenziellen Mitarbeiter einen Tag Probe arbeiten zu lassen. Wir kennen Situationen, da funktionierte tagsüber alles recht gut. Nur, gegen Abend war die Person plötzlich weg ohne sich von allen zu verabschieden: Das passt natürlich nicht.

Die Bilanzen – **emotionale Bilanz** und **Leistungsbilanz** dokumentieren die aktuelle Situation. Hier reflektiere ich bezogen auf den Mitarbeitenden folgende Aspekte:

Positive Gefühle	Negative Gefühle
• Vorgesetzte • Team • Kunden	• Vorgesetzte • Team • Kunden

Abbildung 6–3: *Die* **emotionale Bilanz** *beschreibt die erlebten Gefühle im Rückblick auf eine Situation als Basis für ein Feedbackgespräch*

Erfolg	Misserfolg
• Was wurde erreicht?	• Was wurde nicht erreicht?

Abbildung 6–4: *Die* **Leistungsbilanz** *beschreibt die sachlichen Aspekte im Rückblick auf eine Situation als Basis für ein Feedbackgespräch*

Die Erkenntnisse aus der Einschätzung mit Hilfe von emotionaler Bilanz und Leistungsbilanz werden in die Zielvereinbarung eingearbeitet.

Das zu Beginn der Personalsuche erstellte Anforderungsprofil nutzen Sie nun hier als weiteres Instrument zur Einschätzung, wieweit der neue Mitarbeitende die gestellten Anforderungen bereits erfüllt. Auch hier gilt es dann wiederum, entsprechende Maßnahmen für die Weiterentwicklung des Mitarbeitenden mit ihm abzustimmen und festzuhalten.

Spätestens zum Ende der Probezeit gilt es, die Entscheidung zu treffen, ob Sie die Zusammenarbeit fortsetzen wollen. Sollte das nicht der Fall sein, erklären Sie dem Mitarbeiter die Gründe ausführlich und fragen Sie nach seiner Perspektive. Wir haben oft erlebt, dass die andere Seite sich ebenfalls nicht wohlfühlt, von sich aus jedoch keine Entscheidung getroffen hätte. Wichtig ist, dass diese Mitteilung den neuen Mitarbeiter nicht unverhofft trifft. Das heißt, wenn Sie in der vorausgegangenen Zeit konsequent Feedback gegeben haben, dürfte den Mitarbeiter Ihre Entscheidung eigentlich nicht überraschen. Meistens ist es auch so, dass Ihr Bauchgefühl die anhand der Zielvereinbarung festzustellenden Defizite nur bestätigt.

Wir wollen aber vom positiven Fall ausgehen, der ja auch viel wahrscheinlicher ist, wenn Sie bei der Bewerberauswahl keine allzu großen Kompromisse gemacht haben. Auch dann kommt dem Feedbackgespräch am Ende der Probezeit eine wichtige Bedeutung zu, weil es die Weichen für die weitere Zusammenarbeit bestimmt.

Nach sechs Monaten könnten Sie den folgenden oder einen ähnlichen Feedbackbogen einsetzen.

Haben sich Ihre Erwartungen erfüllt?	
Konnten Sie Ihre persönlichen Vorstellungen umsetzen?	
Wo sehen Sie Ihre Erfolge? Welche Defizite möchten Sie ausgleichen?	
Welche weitergehenden Hilfen brauchen Sie zukünftig?	
Welche Ziele setzen Sie sich in den kommenden Monaten? Wie wollen Sie diese Ziele erreichen?	
Haben Sie Anregungen oder Kritik? Wie zufrieden sind Sie derzeit?	

Abbildung 6–5: *Der Feedbackbogen des Mitarbeiters reflektiert seine Eindrücke und ist zum Bilderabgleich wertvoll*

Sofern der neue Mitarbeiter mit eigenständigen Verkaufsgesprächen betraut wird, ergänzen Sie dies bitte um folgende Unterlagen:

- Meilensteine
- Terminplanungsbogen
- Antrags- und Besuchsübersicht

Ablauf für Feedbackgespräche

Feedbackgespräche laufen nach einem wiederkehrenden Muster ab:

- Zunächst hat der Mitarbeiter die Möglichkeit, seine aktuelle Situation zu schildern.
- Dann stellen Sie Ihre Sicht der Dinge bezogen auf die Ist-Situation dar. Besprechen Sie den aktuellen Entwicklungsstand in den einzelnen Punkten der Zielvereinbarung. Es geht hier nicht um eine Rechtfertigung des Mitarbeiters, sondern Gründe für eventuelle Probleme frühzeitig zu identifizieren, um daraus für die Zukunft zu lernen.
- Vereinbaren Sie konkrete Maßnahmen, was weiter zu tun ist. Das können zum Beispiel Aktionen sein, Coaching oder eine Weiterbildungsmaßnahme.
- Aktualisieren und ergänzen Sie die Zielvereinbarung.
- Im Anschluss haben Sie die Möglichkeit, Fragen zu klären.

6.4 Führung ist in der Einarbeitungsphase besonders gefragt

- **Nur was gesät wird, kann geerntet werden**

  Die Führung des neuen Mitarbeitenden in der Anfangsphase ist vergleichbar mit der Aussaat. Am Anfang der Zusammenarbeit mit dem neuen Mitarbeiter ist erfahrungsgemäß mehr Zeit und Aufwand in seine Führung notwendig. Im Laufe der Zeit reduziert sich der Aufwand sukzessive bis die Situation erreicht ist, in der Sie nur noch Spezifika einer Aufgabe erläutern. Im Idealzustand erkennt der Mitarbeiter Aufgabenstellungen von selber, erledigt diese und berichtet Ihnen nur noch besonders Erwähnenswertes.

- **Reservieren Sie sich feste Zeiträume**, die Sie für die Einarbeitung verwenden werden.

  Die Einarbeitung hat in dieser Zeit absolute Priorität gegenüber allen anderen Aufgaben. Delegieren Sie dabei so wenig wie möglich. Fachspezifische Themen können Sie natürlich an andere Mitarbeiter abgeben, doch vermitteln Sie gerade in der Anfangszeit alles an den Neuen, wofür Sie stehen.

- **Formulieren Sie Ihre Erwartungen** an den neuen Mitarbeiter klar.

- Überlegen Sie bei allen in dieser Zeit **zusätzlich anfallenden Aufgaben**, **wie** Sie den Neuen **einbinden** können.

- **Geben Sie regelmäßig direktes Feedback** und holen Sie sich dieses ebenfalls ein. Feedback gibt Sicherheit. Vergewissern Sie sich, dass Aufgaben richtig verstanden wurden, ob der Mitarbeiter Hilfestellung benötigt und erklären Sie im Anschluss, was an der Umsetzung bereits gut gelaufen ist bzw. was Sie sich noch anders vorstellen. Geben Sie ihm dabei mit auf den Weg, sich selbst nach gewissen Situationen zu analysieren und nachträgliche „Muster für Arbeitsabläufe“ oder „Ideallinien für Verkaufsgespräche“ zu erstellen (siehe in den Anlagen Checklisten zum Feedback).

- **Lassen Sie den Neuen für jeden Tag einen Tagesplan machen** und lassen Sie sich in regelmäßigen Abständen zeigen, was davon erledigt wurde und was nicht. So behalten Sie den Überblick und der neue Mitarbeiter reflektiert automatisch noch einmal die Geschehnisse des Tages.

- **Lassen Sie den Mitarbeiter für die Bearbeitung der Aufgaben die benötigte Zeit selbst einschätzen**. So vermeiden Sie Leerläufe und können die Auffassungsgabe und Schnelligkeit des Arbeitens bei dem neuen Mitarbeiter beobachten.

- **Lassen Sie Ihren neuen Mitarbeiter an Ihrem Erfahrungsschatz teilhaben**. Fragen Sie ihn auch nach seinen Erfahrungen, Vorschlägen, Ideen und Beobachtungen. Dadurch bekommt der Mitarbeiter von Beginn an das Gefühl, wertvoll für Sie zu sein und leistet gerne seinen Beitrag zum Unternehmenserfolg.

- **Achten Sie darauf, während der Einarbeitungszeit weder zu viel noch zu wenig zu vermitteln**. Langeweile ist ein Killer für produktives Arbeiten. Infomappen, Broschüren oder Fachzeitschriften als Beschäftigungstherapie einzusetzen, sollte – wenn überhaupt – nur für sehr kurze Zeiträume innerhalb eines Arbeitstages geschehen. Besser ist es, den Mitarbeiter bei anderen oder sich selbst hospitieren zu lassen. So kann er sich Dinge abschauen, bekommt ein Verständnis von der Arbeit der anderen und kann schneller auch Vertretungen selber übernehmen.

- Wenn Sie diesen Einsatz zeigen, dürfen Sie aber auch vom Neuen ein **ähnlich hohes Engagement erwarten.** Das bedeutet, dass Sonderwünsche bezüglich der Arbeitszeit – zum Beispiel früheres Gehen aufgrund eines privaten Termins – nur im Ausnahmefall zugelassen werden. Es nützt nichts, wenn der Mitarbeiter das Nacharbeiten der Zeit anbietet. Sie können dann die für seine Einarbeitung geschaffenen Zeitfenster nicht optimal nutzen. Unaufschiebbare Termine werden auch langfristig bekannt sein, so dass Sie diese bereits vor Vertragsbeginn abstimmen können. Lassen Sie weitere Ausnahmen zu, erlauben Sie dem Mitarbeiter von Beginn an Schlupflöcher, die er später möglicherweise ausnutzen wird. Zudem setzen Sie damit auch ein Zeichen falscher Priorisierung. Allerdings müssen Sie das gleiche Versprechen einhalten und Ihre vereinbarte Zeit auch tatsächlich der Einarbeitung widmen. Nur so können Sie den Einarbeitungsplan in der vorgegebenen Zeit abarbeiten.

- **Achten Sie darauf, dass Sie nicht zu viel voraussetzen**, sondern den neuen Mitarbeiter systematisch an Aufgaben heranführen. Vergewissern Sie sich, dass der Mitarbeiter mit der Aufgabe und den von Ihnen verwendeten Begrifflichkeiten etwas anfangen kann. Erklären Sie ihm bei Bedarf Sinn und Zweck der jeweiligen Aufgabe.

- **Versprechen Sie nichts, was Sie nicht halten können**. Arbeiten Sie den Einarbeitungsplan mit dem neuen Mitarbeiter konsequent ab. Geben Sie dem Mitarbeiter das Gefühl, dass er Ihnen wichtig ist, indem Sie in der Zeit der Einarbeitung Ihre Termine entsprechend koordinieren.

- **Im verkäuferischen Umfeld zählen Beratung, Kompetenz und Vertrauen**. Zentrales Element bleibt – auch aufgrund der sich ständig ändernden gesetzlichen Rahmenbedingungen – die fachliche Kompetenz. Selbst die besten Verkäufer tun sich in Zeiten gut informierter Kunden mit „fundiertem Halbwissen" schwer. Wenn Kunden die Professionalität spüren, kann Vertrauen aufgebaut werden. Um dahin zu kommen, ist Fleiß und Ausdauer gefragt. Geben Sie dem neuen Verkäufer den Raum, sich ins Geschehen einzufinden und situativ zu entscheiden. Fördern Sie die Kontaktfähigkeit des Neuen. Leben Sie selbstbewusstes, extrovertiertes Auftreten bei gleichzeitig sozialem Verständnis für den Einzelnen vor.

- **Verkaufen ist keine „Zauberei“**. Mit einer Portion Willen und Tatendrang ist es möglich, in einem verkaufsorientierten Umfeld erfolgreich zu werden – egal ob als Innendienstmitarbeiter oder im Außendienst. Dabei helfen Willen zum selbstständigen Lernen, Kritik konstruktiv verwerten und selbstkritisch zu sein.

- **Für reine Terminierungsaufgaben ist keine verkäuferische Ausbildung erforderlich**. Hier geht es vielmehr darum, eine Struktur einzuhalten, sich nicht in Fachdiskussionen zu verzetteln, sondern durchsetzungsstark auf die Terminvereinbarung hinzuarbeiten. Fleiß, Ausdauer und strukturiertes Arbeiten beeinflussen hier den Erfolg.

- **Nutzen Sie die Einarbeitungszeit**, um für einen vertriebsbezogen eingesetzten neuen Mitarbeiter gemeinsam die **Darstellung des Leistungsumfangs der einzelnen Produkte zu erarbeiten**. Basierend auf diesen Einzelbeschreibungen unterstützen Sie ihn bei der Erstellung seiner Verkaufsmappe. Dann kann der Mitarbeiter in seinen Beratungsgesprächen durch präzise, anschauliche und lebensnahe Beschreibungen überzeugen. So wird er von Beginn an zum Wegweiser des Kunden, der ihn auch bei unsicheren Entscheidungen durch sein Auftreten leitet.

6.5 (K)eine zweite Chance? – Das Austrittsgespräch

Herr Peter gab mir deutliche Hinweise über die so genannte zweite Chance im Vertrieb. Wenn die Entwicklung trotz Einarbeitung nach dem vorgestellten Plan, sauberer Zieldefinition und Abgleich in den zugehörigen Gesprächen nicht zufriedenstellend ist, darf in der Regel keine zweite Chance empfohlen werden.

Große Ausnahmen sind nicht vorhersehbare Situationen: Unfall, schwere Krankheit oder Tod des Partners/Kindes. Vielmehr wird die bereits vergangene Einarbeitungszeit genutzt, rechtzeitig gegenzusteuern. Angebahnte Geschäfte, ausstehende Potentiale, persönliche Probleme – Mitarbeiter führen vieles an, um eine schlechte Leistung zu begründen. Eine solche Situation ist unangenehm und auch nicht einfach zu beurteilen. Es gilt letztendlich abzuwägen, wie hoch die Wahrscheinlichkeit ist, dass der Mitarbeitende verstanden hat, dass er die Erwartungen nicht erfüllt, sich entsprechend engagiert und seine Leistungen deutlich verbessern wird. Wenn Sie die Chancen für eine Besserung nicht besonders hoch einschätzen, dann ist es oftmals besser, einen schnellen Schlussstrich zu ziehen.

Doch auch das Austrittsgespräch will professionell eingesetzt sein. Es ist nicht Kernthema für dieses Buch zum Thema Rekrutierung. Aber ein solches Interview zum Austritt gibt Ihnen wertvolle Hinweise, was Mitarbeiter bei Ihnen schätzen oder weniger geschätzt haben. Es kann sowohl für die Beendigung während der Probezeit wie auch in anderen Fällen genutzt werden. Eine Option ist, die kritischen Hinweise von Mitarbeitern zu verwenden, um Bewerber zu bitten, sich hierzu spezielle Gedanken zu machen. Und sich zu überlegen, wie sie damit umgehen wollen.

Ein Beispiel: Bei einem Austrittsgespräch wurde deutlich, dass der Mitarbeiter dem Chef im ersten Jahr sehr viel zuarbeiten musste. Er konnte weniger eigene Fachfertigkeiten einbringen. Dies wurde in den Bewerbungsgesprächen zu wenig verdeutlicht. Im Folgenden wurde deshalb zwei- bis dreimal darauf hingewiesen. Wir fragten Bewerber auch in der Zusammenfassung des Gespräches spezifisch dazu ab, ob diese Botschaft angekommen sei. Das führte in der Folge dazu, dass dieses Thema später nicht mehr genannt wurde.

Funktion:		
Name:	Vorname:	Personal-Nr.:
Eintritt:	Austritt:	
Austrittsgrund:		
Wenn Sie an die Zeit zurückdenken, in der Sie bei uns gearbeitet haben: Was hat Ihnen bei uns besonders gefallen?		
Was hat Sie bei Ihrer Tätigkeit bei uns am meisten gestört?		
Warum verlassen Sie uns?		
Wie sieht Ihre berufliche Zukunft aus?		
Ihre Einschätzung zu den folgenden Themen bei uns:		

Thema	☺☺	☺	😐	☹	Begründung
1. gesicherte Beschäftigung					
2. gute Entwicklungsmöglichkeiten					
3. guter Verdienst					
4. gute Arbeitszeitregelung					
5. umfassende Information über das Firmengeschehen					
6. gute Weiterbildungsmöglichkeiten					
7. gute Sozialleistungen					
8. gute Organisation in meinem Gebiet					
9. angenehme Arbeitsplatzgestaltung					
10. Klarheit der Geschäftsziele (man weiß, was die Unternehmung erreichen will)					
11. Selbstständigkeit in der Arbeit					
12. sinnvolle und befriedigende Tätigkeit					
13. gutes Verhältnis zum Vorgesetzten					
14. guter Name der Firma in der Öffentlichkeit					
15. Kostenbewusstsein (keine Verschwendung)					
16. gutes Verhältnis zu Kollegen					
17. gerechte Beurteilung der Leistungen					
18. echte Mitsprachemöglichkeiten					
19. gerechte Arbeitsverteilung					
20. großes Engagement des Vorgesetzten für das Unternehmen					
21. Ferienregelung					
Was ich sonst noch sagen wollte:					

Abbildung 6–6: *Der Fragebogen für Austrittsgespräche kann erkennen lassen, wo möglicherweise Fehler passiert sind*

6.6 Ausblick: Führen nach der Probezeit

Herr Peter gab mir zum Abschluss noch einen wichtigen Hinweis. Nachdem der neue Mitarbeitende nun erfolgreich eingearbeitet ist und mit jedem neuen Tag mehr Entlastung und Nutzen für mein Unternehmen beisteuert, ist es wichtig, ihn auch weiterhin eng zu begleiten und zu führen. Das bedeutet für den Vorgesetzten auf der einen Seite, klassische Führungsinstrumente anzuwenden. Auf der anderen Seite bedeutet es, Mitarbeiter z. B. in organisatorischen Fragen oder bei Entscheidungsfindungen zu unterstützen.

Um den Mitarbeiter in seiner Selbstständigkeit[27] weiterzuentwickeln, geht es vor allem darum, dass er in den einzelnen Aufgaben sicherer und kompetenter wird. Dabei können Sie mit Hilfe von Fragen den Mitarbeitenden auffordern, selbstständig Lösungen/Antworten zu finden. Die Fragen lassen sich in verschiedene Kategorien einteilen[28], die nachfolgend genannt und mit Beispielfragen belegt werden:

- Problemorientierte Fragen (Erkennen der Ist-Situation)

  Beispiele

  Seit wann besteht das Problem?

  Wer ist daran beteiligt?

  Was wurde bereits unternommen?

- Ressourcenorientierte Fragen (zielen auf Stärken ab)

  Beispiele

  Wer könnte weiterhelfen/das Problem lösen?

  Wie haben Sie sich in ähnlichen Situationen verhalten?

  Was haben Sie getan, um das Problem nicht weiter zu vergrößern?

- Zielorientierte Fragen (Aufmerksamkeit auf Zukunft gerichtet)

  Beispiele

  Wann wird das Ziel erreicht sein?

  Welcher Zustand besteht dann idealerweise?

  Welche Lösungswege gäbe es anstelle der bisher eingeschlagenen Versuche?

27 Dr. Klaus Bischof und Anita Bischof: „Aktiv Führen – Mit Ihren Mitarbeitern zum Erfolg“ (2014)

28 Frank Thielicke: Internationales Management, Vortrag S. 150–151

Sie als Führungskraft beobachten und begleiten. Es geht darum, dass der Mitarbeitende beim Finden von Lösungen einen kompetenten Gesprächspartner an seiner Seite weiß. Je besser Sie als Führungskraft Ihre Vorbildfunktion wahrnehmen, umso leichter fällt der alltägliche Umgang mit Ihren Mitarbeitern. Zielvereinbarungen werden dann als Wertschätzung und Entwicklungschancen verstanden und dementsprechend auch in der Umsetzung engagiert verfolgt.

Je nachdem, wie selbstständig Ihr Mitarbeiter ist, bietet es sich an, neben der Zielvereinbarung mit Tages-, Wochen- oder Monatsplanungen zu arbeiten. Der zusätzliche Nutzen für den Mitarbeitenden ist, dass er diese zur eigenen Organisation und Selbstkontrolle verwenden kann.

Eine solche Planung könnte bei einem Vertriebsmitarbeiter zum Beispiel wie folgt aussehen:

Datum, Uhrzeit	Kunde	Abschlüsse (Anzahl, Sparten, Wertung)	Nachbearbeitungen / To-Dos	Wiedervorlagen

Abbildung 6–7: *Ein einfaches Planungswerkzeug gibt Sicherheit*

Mit Gesprächsnotizen dokumentieren Sie Vereinbarungen, das Erreichte oder auch kritische Situationen.

Mit Leistungs- oder Bonifikationsvereinbarungen können Sie kurz- und mittelfristige Anreize für besondere Leistungen Ihrer Mitarbeiter setzen. Diese sind ebenfalls schriftlich festzuhalten und regelmäßig zu überprüfen.

7 Organisatorische und rechtliche Hinweise

An dieser Stelle sei auf die wichtigsten rechtlichen Hintergründe hingewiesen, die bei der Rekrutierung zu beachten sind. Daneben geben wir einige organisatorische Hinweise für das Bewerbungsverfahren.

7.1 AGG

Das Allgemeine Gleichbehandlungsgesetz (AGG) trat 2006 in Kraft. Das gemeinhin auch als Gesetz gegen Antidiskriminierung bezeichnete AGG weist dem geschützten Personenkreis Rechtsansprüche gegen Arbeitgeber und Private zu. Damit entfaltet es eine deutlich größere Wirkung als sein Vorgänger, das Beschäftigtenschutzgesetz. Es soll „Benachteiligungen aus Gründen der Rasse oder wegen der ethnischen Herkunft, des Geschlechts, der Religion oder Weltanschauung, einer Behinderung, des Alters oder der sexuellen Identität" verhindern und beseitigen.

In Bezug auf das Arbeitsrecht sind insbesondere Vereinbarungen, die gegen Diskriminierungsverbote verstoßen, unwirksam (§ 7 Abs. 2 AGG). Bei einem bereits bestehenden Arbeitsverhältnis kann eine Ungleichbehandlung aber im Einzelfall gerechtfertigt sein, was der Arbeitgeber jedoch in einem Prozess vortragen und beweisen müsste. Gelingt ihm diese Darstellung nicht oder nur unzureichend, wird er als Verlierer aus einem solchen Gerichtsverfahren hervorgehen.

In Bezug auf einen Agentur- oder Maklerbetrieb sind Ungleichbehandlungen etwa in folgenden Bereichen denkbar:

- Bewerber mangels fehlender **Deutschkenntnisse** nicht einzustellen, ist zwar als geächtetes Kriterium zu bewerten. Jedoch bildet es nicht das Hauptkriterium für die Ungleichbehandlung, auch wenn die Anforderung im Wesentlichen Menschen fremder ethnischer Herkunft treffen dürfte.
- Gleichermaßen können Sie als Geschäftsinhaber für die Inanspruchnahme betrieblicher Alterssicherungssysteme **Mindestalter** definieren. Legen Sie jedoch für sich fest, dass sich in Ihre beispielsweise dörflich gesinnte, katholische Umgebung ein **muslimischer Mitarbeiter** schlecht einfügen würde, verstoßen Sie bereits gegen das AGG, wenn Sie Ihre Entscheidung nur auf dieser Basis treffen und begründen könnten.
- Die Ablehnung einer **Bewerberin** mit der Begründung, dass Frauen im Vertrieb sich schlechter durchsetzen, wird Ihnen jede Menge rechtlicher Probleme bereiten.

Im Fall einer solchen diskriminierenden Nichteinstellung steht dem sich Bewerbenden ein Entschädigungsanspruch zu, der sich auf bis zu drei Monatsgehälter belaufen kann. Er kann noch darüber hinausgehen, wenn der Bewerber ohne die Diskriminierung auf jeden Fall eingestellt worden wäre.

Im Bewerbungsverfahren ist es daher zur gängigen Praxis geworden, Gründe für die Nichteinstellung von Kandidaten nicht mehr zu kommunizieren. Ablehnungsschreiben beinhalten seither häufig Formulierungen wie „Leider konnte Ihre Bewerbung nicht berücksichtigt werden“ und sind relativ kurz gehalten. Das ist für die Bewerber zwar schade, da sie keine Hinweise mehr erhalten, warum sie im laufenden Verfahren nicht berücksichtigt wurden und was beim nächsten Mal vielleicht für den Erfolg ausschlaggebend sein könnte. (siehe Kapitel 5.2 Absagen: Wie und Wann?)

7.2 Aufbewahren von Bewerbungsunterlagen

Sofern Sie von einem Kandidaten einen sehr guten Eindruck gewonnen haben, sich aber dennoch für einen anderen Bewerber entschieden haben, kann es empfehlenswert sein, die Unterlagen für künftige Stellenbesetzungen zu behalten. Ist das Ihr Wunsch, bitten Sie den Bewerber in Ihrer schriftlichen Absage um sein Einverständnis, seine Unterlagen aufzubewahren.

Doch eine grenzenlose Aufbewahrung ist auch unter dieser Voraussetzung laut Bundesdatenschutzgesetz (BDSG) nicht erlaubt. Gemäß § 35 Abs. 2 Nr. 3 BDSG sind personenbezogene Daten, wenn sie für eigene Zwecke verarbeitet werden, dann zu löschen, sobald ihre Kenntnis für die Erfüllung des Zwecks der Speicherung nicht mehr erforderlich ist. Wenn Sie also Bewerberdaten erheben und speichern, um damit den Zweck einer Stellenbesetzung zu erfüllen, fällt dieser Zweck in dem Moment weg, wenn die Stelle entweder nicht zu besetzen ist oder der Kandidat ungeeignet erscheint. In diesem Moment wären auch die Daten wieder zu löschen.

Die Aufbewahrung von Daten im Falle einer Ablehnung kann nur durch Ihr Interesse als Betriebsinhaber an der ordnungsgemäßen Durchführung und dem Abschluss des Bewerbungsverfahrens begründet werden. Das kann auch die Entkräftung von Diskriminierungsvorwürfen seitens des Bewerbers betreffen. Dafür müssen Sie die Bewerbungsunterlagen sowie Notizen, die Sie während des Bewerbungsgespräches gemacht haben sollten, nutzen. Um dies glaubhaft zu belegen, kann auch das zu zweit geführte Bewerbungsgespräch herangezogen werden, indem die Interviewer ihre Aussagen gegenseitig bestätigen können.

Unter Berücksichtigung der Frist zur Klageerhebung von zwei Monaten (§ 21 Abs. 5 AGG) und der möglichen Gewähr einer Fristverlängerung beim Klageverfahren (§ 224 Zivilprozessordnung, ZPO) scheint eine Frist von etwa drei Monaten angemessen zu sein. Nach Ablauf dieses Zeitraumes sind sämtliche Bewerberdaten, d. h. Anschreiben, Zeugnisse, Zertifikate, Lebenslauf etc., unwiderruflich zu löschen.

Für andere Zwecke, wie zum Beispiel einen späteren Kontakt, müssen Sie den Bewerber zur schriftlichen Einwilligung auffordern. Das gilt auch, wenn dieser Wunsch seitens des Bewerbers geäußert wird. Fordern Sie ihn in diesem Fall bitte auf, seinen Wunsch kurz schriftlich mitzuteilen.

8 Anhang

8.1 Gegenüberstellung IST und SOLL des Zustandes

Mit der folgenden Tabelle können Sie Ihre derzeitige Unternehmenssituation ins Verhältnis zu den Zielen und Wünschen für die zukünftige Entwicklung Ihres Unternehmens setzen. Damit klären Sie die Ziele für Ihren Betrieb und definieren klar, in welchen Bereichen Sie künftig in Personal investieren möchten oder Veränderungen vornehmen müssen: Die Gegenüberstellung IST und SOLL macht deutlich, wo Handlungsbedarf besteht.

	IST-Situation	SOLL: Zielzustand
persönliches Umfeld		
finanzielle Situation		
Bedeutung Ihres Betriebes		
Unternehmensauftritt		
Ausstattung mit Mitarbeitern		
eigener Arbeitseinsatz / Tätigkeitsschwerpunkte		
Bestandsgröße		
Absatzleistung		
zukünftige geschäftliche Schwerpunkte		

8.2 Telefonische Kontaktaufnahme mit dem Bewerber

Das telefonische Interview kann direkt geführt oder per E-Mail vereinbart werden. Das hat den Vorteil, dass der Bewerber sich vorbereiten kann. Es hat allerdings für den Suchenden den Nachteil, dass einem angekündigten Interview die Spontaneität und der Überraschungseffekt fehlen. Ein unangekündigtes Gespräch ist wie eine Arbeitsprobe und zeigt, wie spontan, flexibel, sicher, sprachlich gewandt und „sympathisch" die Person am Telefon wirkt.

Wir empfehlen aus diesen Gründen eher ein unangekündigtes Gespräch. Dieses kann grundsätzlich die gleichen Fragen wie das Bewerberinterview enthalten (natürlich weniger ausführlich).

Eines ist bei einem Telefoninterview genauso streng zu beachten, wie beim persönlichen Gespräch: Der Bewerber soll viel reden, damit Sie viel erfahren. Das bedeutet, die Fragen vorbereitet zu stellen und dann den Mund zu halten und zuzuhören.

Bewerber:	Telefonnummer:
Datum:	

1. Sich selbst vorstellen!
2. Erklären Sie, dass Sie die Bewerbung erhalten haben und jetzt einfach ein paar kleine Fragen vorab haben.
3. Zum Aufwärmen:
   - Wie sind Sie denn auf uns/mich gestoßen?
   - Was wissen Sie denn schon über mein Unternehmen?
   - Was wissen Sie schon über mich?
   - Wieso haben Sie sich beworben?
   - Weshalb interessieren Sie sich für diese (neue) Funktion?
   - Was brachte Sie dazu, Ihre Ausbildung/Studium so anzufangen?
   - Wie machten Sie sich ein Bild vom zukünftigen Beruf?
   - Was waren in den letzten (zwei bis fünf Jahren) die größten Erfolge?

     – Was bedeutete das konkret für Sie?
   - Was waren in den letzten (zwei bis fünf Jahren) die größten Misserfolge?

     – Was bedeutete das konkret für Sie?

- Was machte Ihnen in den letzten zwei bis fünf Jahren beruflich am meisten Spaß?
  - Was bedeutete das konkret für Sie?
- Was nervte, ärgerte, machte Sie in den letzten zwei bis fünf Jahren hilflos?
  - Was bedeutete das konkret für Sie?
- Wann können Sie anfangen?

4. Welche kurzen Fragen haben Sie schon einmal vorab?
   - Hinweis: Selbstverständlich soll der Bewerber selber auch die Gelegenheit für Fragen haben.
   - Aber: Geben Sie eher kurze Antworten. Konzentrieren Sie sich immer wieder darauf, Ihre Fragen an den Bewerber zu richten, so dass Sie in diesem Falle zuhören können.
5. Eventuell: Terminieren Sie das Bewerbungsgespräch bei diesem Telefonat oder sprechen Sie mit dem Bewerbenden den nächsten Schritt ab.
6. Bedanken Sie sich für das Gespräch. Sagen Sie auch, dass es Ihnen Spaß gemacht und geholfen hat.

8.3 Checkliste: Beurteilung Vorstellungsgespräch angestellter Verkäufer

<table>
<tr><td colspan="3">Name:</td><td colspan="4">Gespräch am:</td></tr>
<tr><td colspan="3" rowspan="2">Wohnort:</td><td colspan="4">Abschluss:</td></tr>
<tr><td colspan="4">Berufserfahrung:</td></tr>
<tr><td colspan="3">Alter:</td><td colspan="4">derzeitige Funktion:</td></tr>
<tr><td colspan="3">Familienstand:</td><td colspan="4">seit:</td></tr>
<tr><td>Einschätzung</td><td>hervorragend</td><td>über Durchschnitt</td><td>Durchschnitt</td><td>unter Durchschnitt</td><td>Anmerkungen</td><td>Charakterisierung</td></tr>
<tr><td>Flexibilität und Initiative</td><td></td><td></td><td></td><td></td><td></td><td>• stellt sich schnell auf veränderte und neue Situationen / Abläufe ein
• kann sich schnell auf Gesprächspartner einstellen und diese für sich gewinnen
• reagiert schnell bei akuten Problemen und behält dabei Übersicht
• kann seinen Tagesablauf bei Bedarf auch kurzfristig neu gestalten
• erkennt Geschäftspotentiale aus eigenem Antrieb
• greift Aufgaben auf, ohne den Weg genau vorgezeichnet zu bekommen
• hat den Mut neue Wege zu gehen / Visionen zu vermitteln
• bildet sich selbstständig weiter</td></tr>
</table>

Auftreten						• spricht frei, offen und klar • tritt professionell und seriös auf • wirkt vertrauensvoll und zuverlässig • ist sicher im Auftreten • überzeugt den Kunden / Gesprächspartner • lässt Partner aussprechen • respektiert die Meinung des anderen in Diskussionen • hört aktiv zu • zeigt Verbindlichkeit • drückt sich auch schriftlich klar und präzise aus • nutzt Visualisierung im Gespräch • neue Medien: hohes Interesse und will lernen
Verkaufen						• verfügt über Kenntnisse (aller) Sparten des Versicherungsgeschäfts und der Altersversorgung • setzt Kenntnisse und Erfahrungen ein • verfügt über unterschiedliche Verkaufstechniken • kennt und kann die Produkte der XY präsentieren
Finanz- und Versicherungswirtschaft						• verfügt über Kenntnisse aller Sparten des Versicherungsgeschäfts und der Altersversorgung • kann Kollegen mit seinen Fertigkeiten unterstützen und beraten • kennt und kann die Unternehmen XY erläutern • kann unterstützen und beraten

Kommunikation						• führt Verkaufsgespräche strukturiert • hört gut zu • beschafft sachdienliche Informationen unter Ausnutzung aller Kommunikationswege • leitet Informationen exakt und schnell weiter • geht diskret mit vertraulichen Dingen um • merkt sich wichtige Gedanken in Gesprächen und knüpft nachher daran an • nimmt Beschwerden/Feedback auf und regelt diese
Arbeitsqualität						• nutzt und setzt alle Organisationshilfen ein • Organisationstalent: selbstständig denkend und handelnd • erkennt und kommuniziert eigene Fehler: Lernbereitschaft • braucht kaum kontrolliert zu werden: kaum Zeitaufwand für Routineaufgaben • bereitet Verkaufsbesuche entscheidungsreif vor • informiert Vorgesetzte und Mitarbeiter umfassend und zeitnah • ist sicher in Wort und Schrift
Arbeitsquantität						• erledigt Arbeit in vorgegebener Zeit • zeigt Ausdauer und Stetigkeit bei der Arbeit
Urteilsvermögen und Kontrolle						• erkennt Ziele und Notwendigkeiten • wählt neue Lösungswege nach ihrer Wirksamkeit und setzt sie ein • kontrolliert eigene Arbeitsergebnisse • setzt Prioritäten richtig

kostenbewusstes Handeln						• erreicht vorgegebene Ziele mit möglichst geringem Zeitaufwand • erkennt Verlustquellen und behebt sie • geht rationell mit Ressourcen um
Zusammenarbeit						• Dienstleister: ist für andere Ansprechpartner • beteiligt sich an gemeinsamen Aufgaben • offene und ehrliche Zusammenarbeit mit Kollegen, Vorgesetzten, Mitgliedern • ist loyal • sachlicher Gesprächspartner
zielorientiertes Arbeiten und Überzeugungskraft						• bildet sich eine eigene Meinung aufgrund von Fachkompetenz und stellt diese verständlich dar • überzeugt durch Argumente sowie durch Sprache und Auftreten, auch gegen Widerstände • quantitativer und qualitativer Ausbau des Geschäftes • Erhöhung der Produktivität
Verkaufsleitung						• bereitet Verkaufsgespräche effektiv und effizient vor • führt Gespräche zielorientiert • trifft Entscheidungen, die das Aufgabenziel erreichen • kann, will problematische Kunden angemessen führen • vertritt Firmenentscheidungen bei seinen Kunden • steht bei Problemen Kollegen offen zur Verfügung • berät Kunden bei Unsicherheit • hört zu • bearbeitet Verkaufsgespräche zeitnah nach
Gesamteindruck						
	1	2	3	4		

8.4 Fragen, die ein Bewerber stellen kann/soll

Es ist immer wieder erstaunlich, dass Bewerber zum Teil sehr wenige Fragen haben. Allerdings stellen wir bei den Jüngeren doch eine erhöhte Neugierde und Forschheit fest. Möglicherweise entnehmen Sie aus dem nachstehenden Fragenkatalog auch Themen, die Sie ansprechen wollen. Diese können dann in die Gesprächsziele (Kapitel 4) integriert werden. Selbstverständlich bedeuten wenig Fragen von Bewerbern, dass sie unsicher oder schlecht vorbereitet sind oder dass sie im Idealfall selber alle Fragen beantwortet haben.

1. Wie viele Mitarbeiter hat das Unternehmen?
2. Wie ist die weitere Entwicklung geplant?
3. Wie flexibel bin ich bei den Arbeitszeiten?
4. Was kann ich bei Ihnen bewegen?
5. Gibt es in Ihrem Unternehmen eine Laufbahnentwicklung?
6. Wird ausdrücklich Durchsetzungsvermögen verlangt?
7. Verlangt man unternehmerisches Denken?
8. Welche Stressbelastung ist mit der Position verbunden, sowohl körperlich als auch psychisch?
9. Welche persönlichen Eigenschaften werden darüber hinaus noch gewünscht?
10. Welche besonderen Führungsstile werden angewandt?
11. Wie ist die Stellung dotiert?
12. Werden Leistungsprämien gezahlt?
13. Wie wird das Gehalt angeboten: Grundgehalt, Boni oder Sonstiges?
14. Wird zwischen einem Gehalt in der Probezeit und einem Gehalt bei Übernahme in den Vertrag unterschieden?
15. Kann ich über einen Firmenwagen verfügen?
16. Gibt es eine betriebliche Altersversorgung?
17. Wird ausdrücklich Urlaubsgeld/Weihnachtsgeld angeboten?
18. Wo erfolgt die Einarbeitung? Am Firmensitz, bei Versicherungsunternehmen oder ...? Gibt es zentrale Schulungen?
19. Was zeichnet Sie als Führungskraft aus?
20. Was ist Ihnen als Führungskraft wichtig?
21. Welchen Mehrwert bietet Ihre Führungsleistung?
22. Warum arbeiten Sie gerne hier und was stört Sie manchmal?
23. Welche künftigen Entwicklungen im Unternehmen betreffen mich?

8.5 Personalmappe eines Mitarbeiters

Der neue Mitarbeiter wurde gefunden und eingestellt. Jeder neue Mitarbeiter erhält sofort eine eigene Personalmappe mit allen Informationen zur Anstellung, die laufend ergänzt werden kann. Wie die Informationen eingeordnet werden können, wird durch die Darstellung eines möglichen Deckblattes im Folgenden aufgezeigt.

Deckblatt einer Personalmappe:

<table>
<tr><td>Mitarbeiter/in:</td><td colspan="3"></td></tr>
<tr><td>Eintritt:</td><td></td><td>Funktion:</td><td></td></tr>
<tr><td>Geb.datum:</td><td colspan="3"></td></tr>
<tr><td>Vorgesetzter:</td><td colspan="3"></td></tr>
</table>

1) Anstellungsunterlagen / Bewerbermappe / Visitenkartenbestellung

2) Zielvereinbarungen / Mitarbeitergespräche

3) Gehaltsänderungen / Kostensätze

4) Funktionsänderungen

5) Verschiedenes / Jubiläen / Heirat etc.

8.6 Job Links Deutschland

In der folgenden Übersicht ist eine Auswahl wichtiger Stellenportale, spezialisierter Stellenmärkte und Blogs zu Personalthemen im Internet aufgeführt. Es sei ausdrücklich darauf hingewiesen, dass immer wieder neue Anbieter auf den Markt drängen und diese Übersicht aufgrund der Schnelllebigkeit und naturgegebenen laufenden Veränderungen im Internet keinen Anspruch auf Vollständigkeit erhebt.

Immer wichtiger wird zudem nach unserer Beobachtung, dass Bewerber ihr Profil auf XING oder anderen Plattformen so gestalten, dass sie auch von Unternehmen gefunden werden und aktiv angesprochen werden können. Das gilt insbesondere dann, wenn tatsächlich aktiv eine neue Stelle gesucht wird, was im Profil auch entsprechend hinterlegt werden kann.

Branchenunabhängige, überregionale Stellenmärkte
Aktuelle JOBS (www.aktuelle-jobs.de)
Careerbuilder (www.careerbuilder.de)
Crosswater (www.crosswater-job-guide.com)
Gigajob (www.gigajob.de)
Job-Consult (www.job-consult.com)
Jobboard (www.jobboard-deutschland.de)
JOBBÖRSE der Arbeitsagentur (www.jobboerse.arbeitsagentur.de)
JobJet (www.jobjet.de)
Jobkurier (www.jobkurier.de)
Jobmonitor (www.jobmonitor.com)
Jobpilot (www.jobpilot.de)
Jobs (www.jobs.de) / JobScout24 (www.jobscout24.de)
Jobsintown (www.jobsintown.de)
JobStairs (www.jobstairs.de)
Jobware (www.jobware.de)
Kalaydo (www.kalaydo.de/jobboerse/)
Kimeta (www.kimeta.de)
Monster (www.monster.de)
Stellenanzeigen (www.stellenanzeigen.de)
Stellen-Online (www.stellen-online.de)
Stepstone (www.stepstone.de)

Metasuchmaschinen
Immer wichtiger werden auch Metasuchmaschinen, die ihre Stellenangebote direkt von den Unternehmensseiten beziehen oder Angebote aus verschiedenen Jobbörsen bündeln.

Careerjet (www.careerjet.de)
Cesar (www.cesar.de)
Indeed (www.indeed.de)
Jobrapido (www.jobrapido.de)

JobRobot (www.jobrobot.de)
Jobturbo (www.jobturbo.de)
Stellenmärkte der Zeitungen
(www.die-zeitungen.de/rubriken/stellenmaerkte-der-zeitungen/stellensuche.html)
Yovadis (www.yovadis.de)

Spezialisierte Jobbörsen
Außendienst gesucht (www.aussendienst.com)
Bankjob (www.bankjob.de)
Salesjob (www.salesjob.de)
Sekretärin (www.sekretaerin.de)
Vertriebsjobs (www.vertriebsjobs.de)

Personalblogs
Arbeitgebermarke (www.jtsalikis.blogspot.com)
Buckmannblog (www.blog.buckmanngewinnt.ch)
Embrander (www.embrander.de/blog)
Gunnar Lübbe (www.blog.metahr.de)
HRmarketingblog (www.wuv.de/blogs/hrmarketingblog)
HUW28: Der Personalmarketing Blog (www.huw28.wordpress.com)
Karriere.at Blog (www.karriere.at/blog)
JOBlog (www.secretsites.de/joblog)
metaHR Blog (www.blog.metahr.de)
multimediablog (www.bernd-schmitz.net/blog)
NochEinPersonalmarketingBlog (www.nocheinpersonalmarketingblog.blogspot.com)
Online-Recruiting.net (www.online-recruiting.net/)
Personalblogger (www.personalblogger.net)
Personalmarketing-Blog (www.personalmarketingblog.de)
personalmarketing2null (www.personalmarketing2null.wordpress.com)
Prospective Blog (blog.prospective.ch/)
Recruiting Generation Y (www.recruitinggenerationy.com)
Recrutainmant Blog (blog.recrutainment.de)
Saatkorn (www.saatkorn.wordpress.com)
Socialmedia Recruiting (www.socialmedia-recruiting.com)
Wolfgang Goebel (www.employerbranding-blog.com)
Wollmilchsau (www.wollmilchsau.de)
Vi-Recruiting (www.viasto.com/vi-recruiting-blog/)

8.7 Alternativer Fragenkatalog für das Bewerbungsinterview

Fragen zum Bildungs- und Berufsweg des Bewerbers

- Welche Schulen haben Sie besucht?
- Welche Fächer haben Ihnen Spaß gemacht?
- Waren Sie Mitglied in der Schüler- und Studentenorganisation?
- Was würden Sie heute lernen/studieren, wenn Sie es noch einmal entscheiden könnten?
- Halten Sie Ihren Berufs-/Ausbildungsweg für konsequent?
- Wie haben sich Ihre ursprünglichen Erwartungen im beruflichen Bereich erfüllt?
- Welche Aufgaben hatten Sie bei Firma X zu erledigen und wem waren Sie unterstellt?
- Was hat Ihnen bei Ihrer letzten Tätigkeit am meisten und was hat Ihnen am wenigsten gefallen?
- Wie war die Zusammenarbeit mit Kollegen und Vorgesetzten?
- Aus welchen Gründen haben Sie so oft gewechselt?
- Aus welchen Gründen haben Sie noch nie gewechselt?
- Können Sie Referenzen angeben?
- Konnten Sie neue Ideen vortragen und realisieren?
- Bitte nennen Sie zwei schwierige Situationen, vor denen Sie in letzter Zeit standen und schildern Sie, wie Sie diese gelöst haben?
- Welche Aufgaben bereiten Ihnen auch heute noch Schwierigkeiten? Und wie wollen Sie diese Schwächen ausmerzen?

Fragen zur persönlichen und gesellschaftlichen Situation des Bewerbers

Wir geben hier bewusst keine Fragen vor. Diese müssen schließlich aus Ihren eigenen Interessen heraus begründet sein. Sie könnten z. B. nach dem Beruf der Eltern oder Hobbys (je nach Situation) fragen.

Fragen zur Selbsteinschätzung und Motivation

- Welche Aufgaben möchten Sie gerne übernehmen?
- Was würden Sie am liebsten tun, wenn Sie es sich aussuchen könnten?
- Aus welchen Gründen haben Sie sich gerade für diese Stelle beworben?
- Welche Ziele wollen Sie in fünf Jahren erreicht haben?
- Was ist Ihnen bei Ihrem Arbeitsplatz besonders wichtig?

- Welche Tätigkeit würde Sie überhaupt nicht interessieren, auch wenn Sie hoch bezahlt wäre?
- Unter welchen Bedingungen arbeiten Sie am liebsten?
- Welche Erwartungen haben Sie an künftige Kollegen und Chefs?
- Wie lange wollen Sie bei uns bleiben?
- Welches endgültige Berufsziel haben Sie? Wann wollen Sie es erreicht haben?
- Gab es in Ihrem Leben eine Person, die Ihren Berufsweg entscheidend beeinflusst hat?
- Was qualifiziert Sie Ihrer Meinung nach für diese Stelle? Bitte nennen Sie fünf wichtige Gründe.
- Wie würden Sie sich selbst charakterisieren?
- Was waren in Ihrem Leben die größten Erfolge? Was waren Ihre größten Misserfolge?
- Arbeiten Sie lieber im Team oder allein? Aus welchen Gründen?
- Was verstehen Sie unter ERFOLG?
- Wie haben sich Ihre materiellen Vorstellungen im Vergleich zu früher entwickelt?
- Wie viel möchten Sie in fünf Jahren verdienen?
- Ist das Anfangsgehalt oder die weitere Entwicklung für Sie ausschlaggebend?
- Würden Sie bei einer interessanten Stelle Einkunftseinbußen in Kauf nehmen?

Fragen über das „neue“ Unternehmen

- Warum möchten Sie gerade bei uns anfangen?
- Welche Aussage in unserer Anzeige hat Sie besonders angesprochen?
- Woher haben Sie erfahren, dass diese Funktion frei ist?
- Haben Sie sich schon einmal bei uns beworben?
- Was wissen Sie über unser Unternehmen?

8.8 Zusätzliche Fragen für das Bewerbungsinterview

Hier stellen wir eine Auswahl zusätzlicher Fragen zur Verfügung, die Sie in Bewerbungsgesprächen verwenden können. Sie geben Ihnen die Möglichkeit, noch genauer prüfen, wie der Bewerber sich und andere im Hinblick auf Themen wie Leistungsbereitschaft, Eigenverantwortung, Selbstständigkeit oder Geradlinigkeit einschätzt. Wir empfehlen, sich bei den Fragen nach konkreten Beispielen jeweils mindestens drei Fälle erläutern zu lassen:

- Wie würden Sie sich selbst, d. h. Ihre Persönlichkeit mit ca. sieben treffenden Wörtern beschreiben?
- Wo möchten Sie beruflich in 2020 stehen?
- Beschreiben Sie bitte denjenigen, den Sie am meisten bewunderten oder am besten mochten: Welche positiven Eigenschaften zeichneten ihn aus?
- Beschreiben Sie bitte denjenigen, den Sie am wenigsten mochten: Welche negativen Eigenschaften hat er, bzw. was würden Sie an ihm verändern, wenn Sie es könnten?
- Was war die schwierigste Aufgabe, die Sie bisher zu lösen hatten? Wie gingen Sie dabei vor? Was haben Sie daraus gelernt?
- Was muss Ihr Chef tun, um aus Ihnen das Beste herauszuholen?
- Wie gehen Sie mit Kritik um? Wie reagieren Sie darauf?
- Wie verhalten Sie sich in Konflikten, z. B. wenn jemand Sie verärgert?
- Sind Sie verheiratet bzw. haben Sie einen Lebenspartner?
- Was macht Ihr Lebenspartner beruflich?
- Was sagt Ihr Lebenspartner zu Ihrer neuen Aufgabe?
- Waren Sie in den letzten drei Jahren länger als drei Wochen ununterbrochen krank?
- Was haben Sie in Ihrer jetzigen Funktion/Studium gelernt, sei dies fachlich oder menschlich?
- Wie gehen Sie mit Druck um? Sei dies Leistungsdruck, Umsatzdruck oder zeitlicher Druck?
- Was haben Ihre Eltern Ihnen an inneren Werten mit auf den Weg gegeben, worauf legten sie besonderen Wert?
- Was braucht es, damit Sie beruflich glücklich und erfüllt sind?
- Was bedeutet für Sie menschliche bzw. „soziale Kompetenz“?
- Was würden Sie an sich selbst verändern, wenn Sie es könnten?

8.9 Online-Tests

Nachfolgend verweisen wir auf Online-Einstellungstests, wie sie von verschiedenen Unternehmen in der Praxis verwendet werden. Meistens werden sie bei der Auswahl für die Ausbildung zum/zur Kaufmann/Kauffrau für Versicherungen und Finanzen benutzt. Einzelne Unternehmen nutzen ähnliche Tests auch als ergänzendes Element im Auswahlverfahren für Tätigkeiten im Außendienst.

Einstellungstest/Eignungstest online Kaufmann/Kauffrau für Versicherungen und Finanzen:

http://www.ausbildungspark.com/einstellungstest/kaufmann-fuer-versicherungen-und-finanzen/

Einstellungstest: R+V Versicherung:

http://www.ruv.de/de/r_v_ratgeber/ausbildung_berufseinstieg/bewerbung/2_bewerbungeinstellungstest.jsp

Die wichtigsten Einstellungstests mit Beispielfragen:

http://career-test.de/einstellungstest/einstellungstests-beispielfragen.html

Einen guten Überblick bietet:

H. Steiner: Online-Assessment: Grundlagen und Anwendung von Online-Tests in der Unternehmenspraxis, Springer Verlag (24.3.2009).

8.10 Bewerberfragebogen

Auch der Versicherer benötigt Angaben vom Bewerber, die überwiegend formeller Natur sind. Diese sollten in einem speziellen Bewerberfragebogen zusammengefasst werden, der die wichtigsten persönlichen Daten enthält. Daneben wird eine Reihe von Unterlagen von allen Bewerbern benötigt. Welche Unterlagen für alle Funktionsgruppen benötigt werden bzw. was darüber hinaus von Verkäufern erforderlich ist, haben wir in einer Checkliste aufbereitet. Wir empfehlen, alle Unterlagen zwingend vor Tätigkeitsbeginn vorliegen zu haben. Haben Verkäufer bereits einen eigenen Bestand aufgebaut, wären zusätzliche Daten zu Bestand, Produktion, Gesamteinkommen und Tendenzen abzufragen. Schließlich können noch die Daten eventueller Untervermittler erfasst werden.

Persönliche Daten:		
Name, Vorname (Geburtsname)		
Straße		
Postleitzahl, Ort		
Geburtsdatum		
Telefonnummer: Festnetz privat	mobil privat	geschäftlich
Faxnummer privat	geschäftlich	
E-Mail-Adresse privat	geschäftlich	
Bankverbindung: Name / Ort der Bank	IBAN	BIC
Steuernummer	Registrierungsnummer IHK	VSNR Vermögensschadenhaftpflicht
Zukünftige Tätigkeit als: Hauptberuflicher Vertreter in der Ausschließlichkeit (§ 92 a HGB (Handelsgesetzbuch))	☐	Beginn am:
Mehrfachvertreter (§ 92 a HGB)	☐	
Makler (§ 93 HGB)	☐	
Nebenberuflicher Vermittler (§ 92 b HGB)	☐	
Selbstständiger Verkäufer im Außendienst	☐	
Angestellter Verkäufer im Außendienst	☐	
Innendienstmitarbeiter	☐	
Auszubildender	☐	

Berufsbezogene Angaben:		
Bisherige Tätigkeiten (Berufsausbildung/Selbstständigkeit/Angestelltenverhältnisse):		
von – bis:	beschäftigt als:	Arbeitgeber/ Auftraggeber, Ort:
Auslandsaufenthalte von – bis:		
Bundeswehr / Zivildienst / freiwilliges soziales Jahr (von – bis):		
Wie sind Sie auf uns aufmerksam geworden (z. B. Empfehlung, Internet etc.)?		
Bemerkungen:		

Checkliste erforderlicher Unterlagen (für alle Funktionsgruppen):		
	Liegt vor	Wird nachgereicht am:
Vollständige Bewerbungsunterlagen	☐	
Lichtbild	☐	
Polizeiliches Führungszeugnis (Original, nicht älter als 3 Monate)	☐	
Einwilligungserklärung AVAD	☐	
Selbstauskunft Schufa	☐	
Kopie Personalausweis	☐	

Checkliste zusätzlich erforderlicher Unterlagen für Verkäufer:		
Erlaubnis nach § 34 c GewO (Vermittlung von Kapitalanlagen, Darlehen etc.)	☐	
Nachweis der Fachkunde (mind. Versicherungsfachmann/-fachfrau IHK)	☐	
Kopie Führerschein	☐	
Auszug aus dem Schuldnerverzeichnis (Kopie, nicht älter als 3 Monate)	☐	
Registrierungsnummer IHK	☐	

Checkliste zusätzlich erforderlicher Unterlagen für Verkäufer:		
Zusätzlich bei selbstständigen Verkäufern:		
Gewerbeanmeldung	□	
Auszug Gewerbezentralregister	□	
Bescheinigung des Insolvenzgerichtes (Kopie, nicht älter als 3 Monate)	□	
Nachweis Vermögensschadenhaftpflicht	□	

Bestand (Größe, wann erhalten, selbst aufgebaut?): • SH Privat • SH Gewerbe • Unfall • K • LV • KV • Sonstiges	
Produktion: • SH Privat • SH Gewerbe • Unfall • K • LV KV • Sonstiges	
Gesamteinkommen:	
Tendenzen:	
Besonderheiten/ Infrastruktur/Potentiale:	

Mit der Vermittlung von Versicherungsverträgen betraute Untervermittler:

Name, Vorname	Anschrift

Der Interessent erklärt, dass er weder vorbestraft ist, noch sonstige rechtliche Zwangsmaßnahmen gegen ihn ergingen (insbesondere Mahnbescheide, Klageverfahren, Vorladung zur eidesstattlichen Versicherung und dergleichen) oder von ihm Anträge auf Eröffnung eines Konkurs- oder Vergleichsverfahrens gestellt wurden. Der Interessent versichert, alle Fragen wahrheitsgemäß beantwortet und nichts verschwiegen zu haben. Er erkennt an, dass falsche Angaben zur fristlosen Kündigung eines geschlossenen Vertrages berechtigen. Wir werden die nach den Vorschriften des Bundesdatenschutzgesetzes (BDSG) für die Tätigkeit als Versicherungsvermittler relevanten Auskünfte bei der Auskunftsstelle über den Versicherungsaußendienst und Versicherungsmakler in Deutschland e.V. (AVAD) einholen bzw. die Zusammenarbeit melden und nach dem Ausscheiden dorthin übermitteln.

Ort, Datum	Unterschrift des Bewerbers

8.11 Bewerbungsbeispiele

Im Folgenden haben wir ein Negativbeispiel für eine Bewerbung und ein Positivbeispiel einer Bewerbung mit unseren Anmerkungen angefügt.

Negativbeispiel

Marita Musterfrau
Musterstraße 1
12345 Musterhausen

Pfefferminzia AG
Geschäftsstelle Pfefferminz
Pfefferminzstr. 1

12345 Pfefferminzdorf

Musterhausen, den 01.09.2014

Bewerbung als Büroassistenz

Sehr geehrter Herr Einsteller,

ich habe Ihr Stellenangebot mit großem Interesse gelesen und bewerbe mich heute auf diesen Arbeitsplatz.

Die von Ihnen geforderte Berufserfahrung und Zusatzqualifikationen auf dem Gebiet d. Versicherungen u. Erfassung, Begutachtung u. Abwicklung v. Schäden, allg. BWL u. Kundenbetreuung: kaufmännische Erfahrung sowie im Bereich d. Terminplanung: Gesprächsvor- u. Nachbereitung, Wochenplanung, d. Ablage sowie Begleitung v. Sitzungen haben mein besonderes Interesse geweckt.

Meine Kinderplanung habe ich nun abgeschlossen und möchte nun in Ihrem Unternehmen neue Erfahrungen sammeln.

Wie Sie meinem Lebenslauf entnehmen können, bin ich Vers.kauffrau mit Weiterbildung zum Fachwirt.

Bei meinen bisherigen beruflichen Tätigkeiten konnte ich die in Ihrem Stellenangebot geforderten Schlüsselqualifikationen unter Beweis stellen.

Negativbeispiel

Für ein persönliches Vorstellungsgespräch bedanke ich mich schon jetzt, dabei kann mein Einstiegsgehalt von 30000 € gleich diskutiert werden. Sie kontaktieren mich bitte schriftlich.
Freundliche Grüße

Marita Musterfrau

Anlage: Curriculum Vitae, Zeugnisse

Unsere Anmerkungen zum Anschreiben:

- Weder aus dem Betreff noch dem ersten Satz geht hervor, wo die Bewerberin auf die Stellenanzeige aufmerksam geworden ist.
- Im Anschreiben werden viele Abkürzungen verwendet, die dem Empfänger ein flüssiges Lesen des Textes erschweren.
- Die geforderten Kenntnisse und Qualifikationen aus dem Anforderungsprofil der Stellenanzeige werden scheinbar einfach nur übernommen.
- Das besondere Interesse der Bewerberin an einem bestimmten Thema bleibt verborgen, weil sie vorgibt, für alle geforderten Inhalte ein gesteigertes Interesse zu haben.
- Ein Bezug, warum die Bewerbung gerade bei diesem Unternehmen eingereicht wird, wird nicht hergestellt.
- Der Verweis auf den Lebenslauf ist überflüssig, zumal das Anschreiben ein Plädoyer für die eigene Person darstellen sollte.
- Die Motivation der Bewerberin für die gesuchte Position wie auch das Herausstellen, warum sie genau die richtige Kandidatin ist, werden nicht thematisiert.
- Der Abschluss der Kinderplanung als Grund für die Bewerbung ist unangebracht.
- Es bleibt offen, welche beruflichen Erfahrungen die Bewerberin mitbringt und wie ihr derzeitiger Status ist.
- Der Schreibstil wirkt bürokratisch.
- Der Hinweis auf den schriftlichen Kontakt wirkt wie eine formale Aufforderung, die an den potentiellen Arbeitgeber gerichtet wird. Diese Art des Hinweises ist ohne nähere Begründung unüblich.

Negativbeispiel

Lebenslauf

Persönliche Daten:

Name:	Marita Musterfrau
Anschrift:	Musterstraße 1 12345 Musterhausen Tel.: 01234 56789
Geburtstag:	29.02.1972
Geburtsort:	Musterhausen

Bildungsweg:

1979 – 1983	Grundschule
1983 – 1989	Gesamtschule Musterhausen Gymnasium wirtschaftswissenschaftliche Richtung
1992 – 1995	Ausbildung zur Versicherungskauffrau bei der Zitronia in Musterstadt
1996 – 1998	Weiterbildung zum Fachwirt in Musterstadt
Schulabschluss:	Versicherungsfachwirt (IHK)

Berufliche Tätigkeiten

8/1995 – 12/1995	bei der Versicherungs AG TopSicherheit in Musterstadt, Schadenregulierung
12/1998 – 05/1999	Geschäftsstellenleiterin bei der Agentur Unternehmer in Unternehmenshausen
08/2004 – 04/2014	Büroassistenz beim Maklerbüro Sicherheit in Sicherheitsdorf, Sekretariatsarbeiten und Kundenbetreuung

Weiterbildung

02/2000	Financial-Training Trainings AG
06/1996	Rhetorikseminar bei Heller und Pfennig AG

Musterhausen, den 01.09.2014

Marita Musterfrau

Unsere Anmerkungen zum Lebenslauf:

- In diesem Lebenslauf wird keine chronologische Abfolge eingehalten: Einmal werden die Ereignisse zeitlich vom am weitesten entfernten Punkt aus betrachtet. Bei der Weiterbildung beginnt plötzlich ein chronologischer Rückblick vom aktuellen Standpunkt aus.
- Die Ausbildung zur Versicherungsfachwirtin versteckt die Bewerberin unter der Rubrik „Schulabschluss".
- Die Dauer der einzelnen Tätigkeiten sowie die Pausen dazwischen werden nicht plausibel erläutert. Insbesondere der Zeitraum zwischen 1999 und 2004 bleibt ungeklärt.
- Besondere Fähigkeiten, Auslandsaufenthalte, Hobbys etc. werden nicht genannt. Ein Foto ist nicht beigefügt.
- Es ist nicht nachvollziehbar, weshalb die Bewerberin jetzt eine neue Stelle sucht. Die Angabe der letzten Beschäftigung bis 04/2014 lässt vermuten, dass der Bewerberin dort gekündigt wurde und sie seither auf Stellensuche ist.
- Die aufgeführten Weiterbildungen liegen sehr weit zurück. In der letzten Zeit hat die Bewerberin, nach den Unterlagen zu urteilen, keine zusätzlichen Qualifikationen erworben.
- Beschäftigungslücken sind nicht erläutert.
- Es fällt auf, dass die Position der Geschäftsstellenleitung nur ein halbes Jahr ausgeübt wurde. Nach einer fünfjährigen Pause arbeitet die Bewerberin als Büroassistenz. Dieser „Rückschritt" ist nicht erläutert.
- Es fehlt ein Deckblatt.
- Es ist kein einheitlicher Stil erkennbar.
- Der Lebenslauf hinterlässt beim Leser den Eindruck, dass es nicht mehr zu sagen gibt.
- Während das Anschreiben zu lang geraten ist, fällt der Lebenslauf viel zu kurz aus.
- So bleibt auch verborgen, dass es sich bei den Tätigkeiten von relativ kurzer Dauer um Praktika handelte.

Positivbeispiel

Marita Musterfrau . Musterstraße 1 . 12345 Musterhausen

Deutsche Musterversicherung VVaG
Herrn Einsteller
Untere Str. 1

12345 Stellenweiler

Musterhausen, den 01. September 2014

Ihr Stellenangebot „xy" vom 26.08.2014 bei stepstone

Sehr geehrter Herr Einsteller,

nochmals vielen Dank für das freundliche Telefonat am 28.08.2014.

Ihr Stellenangebot hat mich sehr angesprochen, da ich meine kaufmännischen Fähigkeiten gern weiterhin in einem Versicherungsbüro einbringen möchte. Ein bevorstehender Inhaberwechsel bei meinem derzeitigen Arbeitgeber veranlasst mich, eine neue Herausforderung in Ihrem modernen und vielseitig ausgerichteten Agenturbetrieb zu suchen.

Als Versicherungsfachwirtin mit dem Schwerpunkt Schadenregulierung arbeite ich zurzeit beim Maklerbüro Sicherheit in Sicherheitsdorf. Mein Tätigkeitsschwerpunkt liegt in der Erfassung, Begutachtung und Abwicklung von Schäden bei Privatkunden, die ich selbstständig koordiniere.

Als meine Stärken sehe ich ein hohes Maß an Eigeninitiative, Kontaktfreudigkeit und Weiterbildungsbereitschaft sowie meine Fähigkeit, mich schnell in komplexe Fragestellungen einzuarbeiten.

Neben einer verantwortungsvollen Funktion mit einem breiten Spektrum an interessanten Aufgaben ist mir ein anregendes Arbeitsumfeld wichtig, in dem meine Weiterentwicklung auf hohem Niveau gefordert und gefördert wird.

Meine Gehaltsvorstellungen liegen im Bereich von 30.000 €. Als frühesten Eintrittstermin könnte ich mir den 1. Oktober 2014 vorstellen. Im Rahmen eines Vorstellungsgespräches würde ich mich gern über die näheren Details einer Zusammenarbeit und die möglichen Arbeitsfelder unterhalten.

Mit freundlichem Gruß

Marita Musterfrau

Unsere Anmerkungen zum Anschreiben:

- Das Anschreiben umfasst nur eine Seite und ist übersichtlich gestaltet.
- Im Betreff ist genau beschrieben, worauf sich die Bewerbung bezieht und woher die Bewerberin die Informationen über die ausgeschriebene Stelle hat.
- Zudem stellt sie im ersten Satz den Bezug zum telefonischen Erstkontakt her.
- Das Anschreiben ist gut lesbar.
- Im zweiten Absatz erläutert die Bewerberin, warum sie sich für die Position interessiert.
- Sie nennt ihre Qualifikation und die Schwerpunkte ihrer derzeitigen Tätigkeit.
- Die Bewerberin teilt mit, was ihr bei einer neuen Aufgabe wichtig ist.
- Sie macht Angaben zu ihrer Gehaltsvorstellung und zum möglichen Eintrittstermin.
- Die Bewerberin beendet das Anschreiben mit einem freundlichen Ausblick auf ein mögliches Vorstellungsgespräch.
- Der gesamte Wortlaut des Anschreibens ist freundlich, aber dennoch verbindlich und zielorientiert.

Positivbeispiel

Porträt-Farbfoto

Marita Musterfrau
geboren am 29.02.1972 in Musterhausen
ledig, ortsungebunden

Bewerbung Versicherungsfachwirtin (IHK)
als Büroassistenz

Marita Musterfrau . Musterstraße 1 . 12345 Musterhausen . Mobil 0176 3456 987 . Marita.Musterfrau@web.de

Positivbeispiel

Lebenslauf

Berufstätigkeit

08/2004 – heute	Büroassistenz im Maklerbüro Sicherheit in Sicherheitsdorf - Schadenregulierung, selbstständige Erfassung, Begutachtung und Abwicklung von Schäden im Privatkundenbereich
12/1998 – 05/1999	Geschäftsstellenleiterin bei der Agentur Unternehmer in Unternehmenshausen - Führung eines Teams von drei Mitarbeiterinnen - Wochenplanung - Sitzungsbegleitung des Geschäftsführers
10/1996 – 11/1998	Kundenbetreuerin (Innendienst) bei der Agentur Unternehmer in Unternehmenshausen - Eigenverantwortliches Führen sowie Vor- und Nachbereitung von Kundengesprächen - Koordination mit der Hauptverwaltung
08/1995 – 09/1995	Praktikum bei der Versicherungs AG TopSicherheit in Musterstadt Mitarbeit bei Agenturinkasso, Überprüfung Reisekostenabrechnung

Aus- und Weiterbildung

05/2004 – 07/2004	Schadenregulierung in der Praxis, Schadentrainings AG in Schadenstetten
02/2000	Financial-Training, Trainings & Partner in Boston, USA
10/1996 – 11/1998	Weiterbildung zur Versicherungsfachwirtin in Musterstadt Abschluss Fachwirtin (IHK) mit der Note gut (1,6)
08/1992 – 07/1995	Ausbildung zur Versicherungskauffrau bei der Zitronia in Musterstadt Abschluss Kauffrau (IHK) mit der Note sehr gut (1,4)

Marita Musterfrau . Musterstraße 1 . 12345 Musterhausen . Mobil 0176 3456 987 . Marita.Musterfrau@web.de

Positivbeispiel

Schulausbildung

09/1978 – 08/1992	Grund- und Gesamtschule Musterhausen, Gymnasium wirtschaftswissenschaftliche Richtung

Auslandsaufenthalte

07/1999 – 04/2004	Auslandsaufenthalt und Pflege meiner Schwester, Boston, USA
09/1989 – 07/1990	Highschooljahr, Vancouver, Kanada

Besondere Kenntnisse

Fremdsprachen	Englisch fließend, Französisch Grundkenntnisse
EDV	sehr gute Kenntnisse Windows, MS-Office, Intranet und Internet, Beratungssoftware, Photoshop

Referenzen

Herr Auskunft	Maklerbüro Sicherheit in Sicherheitsdorf, Telefon 01234 – 2345
Herr Sagtesalles	Agentur Unternehmer in Unternehmenshausen, Telefon 02345 – 3456

Ehrenamtliches Engagement

Seit 2009	Schriftführerin im Turnverein Musterhausen

Musterhausen, den 01.09.2014

Marita Musterfrau . Musterstraße 1 . 12345 Musterhausen . Mobil 0176 3456 987 . Marita.Musterfrau@web.de

Positivbeispiel

Anlagenverzeichnis

- Zwischenzeugnis, Maklerbüro Sicherheit in Sicherheitsdorf
- Arbeitszeugnis, Agentur Unternehmer in Unternehmenshausen
- Arbeitszeugnis, Zitronia in Musterstadt
- Zertifikat, Weiterbildung „Schadenregulierung in der Praxis“, Schadentrainings AG in Schadenstetten
- Zertifikat, Weiterbildung „Financial-Training“, Trainings & Partner in Boston, USA
- Zertifikat, Weiterbildung „Rhetorikseminar“, Heller und Pfennig AG in Unternehmenshausen
- Abschlusszeugnis Versicherungsfachwirt der IHK Musterstadt
- Ausbildungszeugnis Versicherungskauffrau der IHK Musterstadt
- Praktikantenzeugnis, Versicherungs AG TopSicherheit in Musterstadt
- Zeugnis der allgemeinen Hochschulreife

Marita Musterfrau . Musterstraße 1 . 12345 Musterhausen . Mobil 0176 3456 987 . Marita.Musterfrau@web.de

Unsere Anmerkungen zum Lebenslauf:

- Auf dem Deckblatt sind ein Foto, die persönlichen Angaben mit Ergänzung der Ortsungebundenheit sowie der Betreff der Bewerbung enthalten.
- Der Lebenslauf ist übersichtlich gegliedert und auf allen Seiten sind die Kontaktdaten angegeben.
- Der Lebenslauf hält einheitlich die übliche chronologische Abfolge ein.
- Die Unterbrechung der beruflichen Tätigkeit in Deutschland ist durch den Auslandsaufenthalt in den USA erklärt, der mit der Pflege der Schwester zusätzlich eine soziale Komponente beinhaltet.
- Der Rückschritt von der Geschäftsstellenleitung zur Büroassistenz scheint unter diesem Aspekt plausibel, zumal nach dem Auslandsaufenthalt eine Fortbildung im Schadenbereich absolviert wurde.
- Die Schwerpunkte der einzelnen Tätigkeiten werden jeweils genannt.
- Aus der zeitlichen Beschreibung der letzten Tätigkeit ist erkennbar, dass die Bewerberin dort noch beschäftigt ist.
- Es sind besondere Kenntnisse und Referenzen angegeben.
- Das Anlagenverzeichnis gibt einen Überblick über die beigefügten Zeugnisse und Zertifikate.

8.12 Funktionsbeschreibungen und Anforderungsprofile

8.12.1 Auszubildender zum Kaufmann für Versicherungen und Finanzen

1.	Funktionsbezeichnung	Auszubildender zum Kaufmann für Versicherungen und Finanzen
2.	Wem unterstellt?	Der Funktionsinhaber ist dem Agenturleiter unterstellt.
3.	Wem überstellt?	Der Funktionsinhaber ist keinen Funktionsträgern überstellt.
4.	Vertretungsregelung Funktionsinhaber vertritt / Funktionsinhaber wird vertreten von:	**Vertritt bei Abwesenheiten:** Der Funktionsinhaber vertritt seine Kollegin / seine Kollegen während deren Abwesenheit / in allen Belangen / bei der telefonischen Erreichbarkeit /... **Bei eigenen Abwesenheiten wird er vertreten von:** Der Funktionsinhaber wird vertreten von seiner Kollegin / seinem Kollegen während seiner Abwesenheit / in allen Belangen / ...
5.	Ziel der Stelle	Der Funktionsinhaber erlangt die fachliche und verkäuferische Qualifikation für eine Tätigkeit im Versicherungsgewerbe in Form des erfolgreichen Ausbildungsabschlusses. Er bearbeitet die ihm übertragenen Aufgaben nach Abstimmung mit dem Vorgesetzten. Die einzelnen Aufgaben sind im Folgenden im Detail beschrieben.
6.	Aufgaben	**Im Außendienst:** • Kunden akquirieren, beraten und betreuen • persönliche Verkaufsgespräche planen, durchführen und nachbereiten • Information über Versicherungsbedingungen, Leistungspakete, Tarife und geänderte Rechtsvorschriften • Weiterleitung von Anträgen an den Innendienst • Schadensmeldungen und Unfallberichte entgegennehmen • Schadensakten anlegen, an den Innendienst weiterleiten • Kleinschäden begutachten, untersuchen, einschätzen und berechnen **Im Innendienst:** • Versicherungsanträge bearbeiten, Versicherungsleistungen tarifieren, Schriftverkehr abwickeln, Inkassovorgänge bearbeiten • Kundenberatung und Bestandspflege • Vertragsänderungen, -aufhebungen und Reklamationen bearbeiten • Schadensmeldungen entgegennehmen, prüfen, weiterleiten und Leistungsfälle abwickeln • allgemeine kaufmännische und administrative Aufgaben

7.	Vollmachten / Befugnisse	je nach Ausbildungsstand Kundengespräche selbstständig durchführen und Kleinstschäden bearbeiten
8.	Gehaltseinstufung	Tarifvertrag privates Versicherungsgewerbe
9.	Einarbeitung	nach Ausbildungsplan Einarbeitungsdauer: wie Probezeit – 4 Monate, jedoch soll die gesamte Ausbildung für die Vorbereitung auf ein eigenständiges Arbeiten innerhalb des Versicherungsgewerbes genutzt werden
10.	Aus- und Weiterbildung	Die Aus- und Weiterbildung erfolgt über das für die Ausbildung vorgegebene Programm. Zusätzlich können firmeninterne Maßnahmen vereinbart werden.
11.	Aufstiegschancen	Büroassistenz, Innendienstkraft mit Verkauf, angestellter oder selbstständiger Verkäufer im Außendienst, langfristig auch Büromanager, Vertriebsleiter oder Agenturleiter

Auszubildender zum Kaufmann für Versicherungen und Finanzen: Anforderungsprofil – allgemeine Anforderungen

1.	Schulabschluss	Mittlere Reife	
2.	Ausbildung	entfällt	
3.	Erforderliche Berufserfahrung in Jahren	keine	
4.	Spezielle Branchenkenntnisse erforderlich?	☒ nein	☐ ja
5.	Erforderliche Kenntnisse aus anderen Bereichen?	☒ nein	☐ ja
6.	EDV-Kenntnisse erforderlich?	☐ nein Office oder Vergleichbares: Word, Excel, Powerpoint, Outlook Erfahrung in der Nutzung von Internet und Intranet	☒ ja
7.	Führungserfahrung erforderlich	☒ nein	☐ ja
8.	Führerschein(e) erforderlich?	☐ nein	☒ ja
9.	Sonstige Anforderungen: • Reisebereitschaft • hoher Anspruch an sich • Begeisterungsfähigkeit	Gutes mathematisches Verständnis ja ja ja	

Kaufmann für Versicherungen und Finanzen: Kompetenzprofil

	Soll-Profil				Bemerkungen
1. Persönliche Kompetenz	100 %	75 %	50 %	25 %	
• Flexibilität und Initiative	☐	☑	☐	☐	
• Auftreten	☐	☑	☐	☐	
2. Fachkompetenz	100 %	75 %	50 %	25 %	
• Versicherungen	☐	☐	☐	☑	
• Kundenbetreuung	☐	☑	☐	☐	
• Büroorganisation	☐	☐	☑	☐	
3. Selbstorganisation	100 %	75 %	50 %	25 %	
• Arbeitsqualität	☐	☑	☐	☐	
• Arbeitsquantität	☐	☑	☐	☐	
• Urteilsvermögen und Kontrolle	☐	☐	☑	☐	
• kostenbewusstes Handeln	☐	☐	☐	☑	
4. Soziale Kompetenz	100 %	75 %	50 %	25 %	
• Zusammenarbeit	☐	☑	☐	☐	
• zielorientiertes Arbeiten und Überzeugungskraft	☐	☐	☑	☐	

1. Persönliche Kompetenz
Flexibilität und Initiative
• stellt sich schnell auf veränderte und neue Sachlagen ein • bleibt auch unter Stress ruhig • reagiert auf akute Probleme • erkennt Aufgaben aus eigenem Antrieb und greift sie auf • bildet sich selbstständig weiter und ist lernbereit
Auftreten
• spricht frei und offen • schreibt klar und kurz • tritt anderen Menschen offen gegenüber • ist sicher im Auftreten • geht diskret mit vertraulichen Dingen um • lässt Gesprächspartner aussprechen • behandelt Informationen vertraulich • hört zu

2. Fachkompetenz

Versicherungen

- kennt Versicherungsbranche und -sparten
- kennt Unternehmen und dessen Geschäftsfelder

Kundenbetreuung

- hat eine freundliche und klare Ansprache
- hat eine positive Einstellung zu Dienstleistungen

Büroorganisation

- kann sich organisieren und die Zeit sinnvoll einteilen
- kann Tagesabläufe selbst strukturieren
- arbeitet sicher und zuverlässig mit Officeprodukten
- kennt Internet und Intranet
- kann mit modernen Kommunikationsmitteln sicher umgehen

3. Selbstorganisation

Arbeitsqualität

- kennt Organisationshilfen
- erkennt und kommuniziert eigene Fehler: Lernbereitschaft
- informiert Vorgesetzten umfassend und zeitnah

Arbeitsquantität

- erledigt Arbeit in vorgegebener Zeit
- bringt eine gute Auffassungsgabe mit
- zeigt Ausdauer und Stetigkeit bei der Arbeit

Urteilsvermögen und Kontrolle

- erkennt Ziele und Notwendigkeiten
- kontrolliert eigene Arbeitsergebnisse

Kostenbewusstes Handeln

- erkennt Verlustquellen und behebt sie
- geht rationell mit Ressourcen um

4. Soziale Kompetenz

Zusammenarbeit

- beteiligt sich an gemeinsamen Aufgaben
- kennt Wege der Informationsbeschaffung und nutzt diese
- leitet Informationen exakt und schnell weiter
- erkennt wichtige Gedanken in Gesprächen und greift diese auf
- geht offen und ehrlich mit seinem Umfeld um
- kann sachlich argumentieren

Zielorientiertes Arbeiten und Überzeugungskraft

- erreicht vorgegebene Ziele mit möglichst geringem Zeitaufwand
- baut leicht Kontakte auf
- überzeugt durch Argumente sowie durch Sprache und Auftreten

8.12.2 Innendienstkraft mit Verkaufstätigkeit

1.	Funktionsbezeichnung	Innendienstkraft mit Verkaufstätigkeit
2.	Wem unterstellt?	Der Funktionsinhaber ist (wenn vorhanden) dem Büromanager/ Vertriebsleiter, sonst dem Agenturleiter unterstellt.
3.	Wem überstellt?	Der Funktionsinhaber ist keinen Funktionsträgern überstellt.
4.	Vertretungsregelung Funktionsinhaber vertritt / Funktions-inhaber wird vertreten von:	**Vertritt bei Abwesenheiten:** Der Funktionsinhaber vertritt seine Kollegin / seine Kollegen während deren Abwesenheit / in allen Belangen / bei der telefonischen Erreichbarkeit /... **Bei eigenen Abwesenheiten wird er vertreten von:** Der Funktionsinhaber wird vertreten von seiner Kollegin / seinem Kollegen während seiner Abwesenheit / in allen Belangen /...
5.	Ziel der Stelle	Die Innendienstkraft mit Verkaufstätigkeit unterstützt die Außendienst-tätigkeiten der Mitarbeiter und des Agenturleiters. Sie berät und ver-kauft am Telefon sowie bei Kundenkontakten im Büro. Die einzelnen Aufgaben sind im Folgenden im Detail beschrieben.
6.	Aufgaben	**Führungsaufgaben:** keine **Fachliche Aufgaben:** • Kundentermine planen / vereinbaren • Information der Kunden über Versicherungsbedingungen, Leistungspakete, Tarife und geänderte Rechtsvorschriften • Weiterleitung von Anträgen an den Innendienst • Schadensmeldungen und Unfallberichte entgegennehmen • Schadensakten anlegen, an den Innendienst weiterleiten • Kleinschäden begutachten, untersuchen, einschätzen und berechnen • Versicherungsanträge bearbeiten, Versicherungsleistungen tarifieren, Schriftverkehr abwickeln, Inkassovorgänge bearbeiten • Vertragsänderungen, -aufhebungen und Reklamationen bearbeiten • Schadensmeldungen entgegennehmen, prüfen, weiterleiten und Leistungsfälle abwickeln
7.	Vollmachten	• selbstständige Durchführung von Kundengesprächen im Agenturbüro • Aufnahme und Bearbeitung von Kundenanfragen, -reklamationen und Schäden • Terminvereinbarungen für die anderen Mitarbeiter • Angebotserstellung und fallabschließende Bearbeitung von Vorgängen im privaten Sachversicherungs- sowie einfachen Personengeschäft
8.	Gehaltseinstufung	je nach Qualifikation plus anteilige Provisionen, ggf. Erfolgsbeteiligung
9.	Einarbeitung	nach Einarbeitungsplan Einarbeitungsdauer: wie Probezeit – 6 Monate
10.	Aus- und Weiterbildung	Die Aus- und Weiterbildung erfolgt in der Regel firmenintern über das Personalentwicklungsprogramm. Im Übrigen sorgt der Mitarbeiter selber für seine eigene Förderung.
11.	Aufstiegschancen	angestellter oder selbstständiger Verkäufer im Außendienst, Büromanager, langfristig auch Vertriebsleiter oder Agenturleiter

Innendienstkraft mit Verkaufstätigkeit: Anforderungsprofil – allgemeine Anforderungen

1.	Schulabschluss	Mittlere Reife, falls Hauptschulabschluss nur in Verbindung mit einer abgeschlossenen Ausbildung im Versicherungsgewerbe	
2.	Ausbildung	Kaufmännische Ausbildung	
3.	Erforderliche Berufserfahrung in Jahren	• mindestens 2 Jahre • Sekretariatserfahrung • Grundkenntnisse im Versicherungsgewerbe und/oder Verkaufserfahrung • Erfahrung in der Organisation von sich selber und anderen • Terminplanung, Präsentationsvorbereitung, Protokollerstellung, Korrespondenz • professioneller Umgang mit Stress	
4.	Spezielle Branchenkenntnisse erforderlich?	☐ nein	☒ ja
		maximal 2 Vorgesellschaften in den letzten 5 Jahren	
5.	Erforderliche Kenntnisse aus anderen Bereichen?	☒ nein	☐ ja
6.	EDV-Kenntnisse erforderlich?	☐ nein	☒ ja
		Office oder Vergleichbares: Word, Excel, Powerpoint, Outlook Erfahrung in der Nutzung von Bürosoftware Gute Kenntnisse in der gängigen Anwendungssoftware im Versicherungswesen Erfahrung in der Nutzung von Internet und Intranet	
7.	Führungserfahrung erforderlich	☒ nein	☐ ja
8.	Führerschein(e) erforderlich?	☒ nein	☐ ja
9.	sonstige Anforderungen: • Reisebereitschaft • hoher Anspruch an sich • Begeisterungsfähigkeit	gutes mathematisches Verständnis nein ja ja	

Innendienstkraft mit Verkaufstätigkeit: Kompetenzprofil

	Soll-Profil				Bemerkungen
1. Persönliche Kompetenz	100 %	75 %	50 %	25 %	
• Flexibilität und Initiative	☐	☑	☐	☐	
• Auftreten	☐	☑	☐	☐	
2. Fachkompetenz	100 %	75 %	50 %	25 %	
• Versicherungen	☑	☐	☐	☑	
• Kundenbetreuung	☐	☑	☐	☐	
• Büroorganisation	☐	☑	☐	☐	
3. Selbstorganisation	100 %	75 %	50 %	25 %	
• Arbeitsqualität	☐	☑	☐	☐	
• Arbeitsquantität	☑	☐	☐	☐	
• Urteilsvermögen und Kontrolle	☐	☑	☐	☐	
• kostenbewusstes Handeln	☐	☐	☑	☐	
4. Soziale Kompetenz	100 %	75 %	50 %	25 %	
• Zusammenarbeit	☐	☑	☐	☐	
• zielorientiertes Arbeiten und Überzeugungskraft	☐	☑	☐	☐	

1. Persönliche Kompetenz
Flexibilität und Initiative
• stellt sich schnell auf veränderte und neue Sachlagen ein • richtet die Arbeitsführung auf die neue Situation aus • reagiert bei akuten Problemen schnell und behält dabei die Übersicht • erkennt Aufgaben aus eigenem Antrieb und greift sie auf • hat den Mut, neue Wege vorzuschlagen • bildet sich selbstständig weiter und ist lernbereit
Auftreten
• spricht frei und offen • schreibt klar und kurz • tritt anderen Menschen offen gegenüber • ist sicher im Auftreten • lässt Gesprächspartner aussprechen • behandelt Informationen vertraulich • hört zu

2. Fachkompetenz
Versicherungen
• kennt Unternehmen und dessen Geschäftsfelder • kennt Produkte des Privatkundengeschäftes und kann diese erläutern • kann mit Kundenanfragen und Reklamationen umgehen • kennt die Grundlagen der Schadenregulierung und kann diese anwenden
Kundenbetreuung
• spricht Kunden klar und freundlich an • kann Kundenanfragen entgegennehmen und darauf reagieren • kann auch qualifizierte Anfragen im Privatkundengeschäft selbst beantworten • sorgt bei komplizierteren Sachverhalten für eine kurzfristige und verlässliche Beantwortung • bringt ein natürliches Verständnis zu den Themen Dienstleistung und Betreuung mit
Büroorganisation
• setzt Kenntnisse und Erfahrungen des Selbstmanagements ein • beherrscht Ablage • arbeitet sicher und zuverlässig mit Büroanwendungen • kann Tagesabläufe selbst strukturieren • arbeitet sicher und zuverlässig mit Officeprodukten • kennt Internet und Intranet • kann mit modernen Kommunikationsmitteln sicher umgehen

3. Selbstorganisation
Arbeitsqualität
• nutzt und setzt alle Organisationshilfen ein • erkennt und kommuniziert eigene Fehler: Lernbereitschaft • braucht kaum kontrolliert zu werden: kaum Zeitaufwand für Routineaufgaben • informiert Vorgesetzten umfassend und zeitnah
Arbeitsquantität
• erledigt Arbeit in vorgegebener Zeit • kaum Zeitaufwand für Routineaufgaben • zeigt Ausdauer und Stetigkeit bei der Arbeit • steigert die Produktivität kontinuierlich
Urteilsvermögen und Kontrolle
• erkennt Ziele und Notwendigkeiten • wählt neue Lösungswege nach ihrer Wirksamkeit und setzt sie ein • kontrolliert eigene Arbeitsergebnisse • setzt Controllinginstrumente ein
Kostenbewusstes Handeln
• erkennt Verlustquellen und behebt sie • geht rationell mit Ressourcen um

4. Soziale Kompetenz
Zusammenarbeit
• beteiligt sich an gemeinsamen Aufgaben • beschafft sachdienliche Informationen unter Ausnutzung aller Kommunikationswege • leitet Informationen exakt und schnell weiter • merkt sich Gedanken in Gesprächen und knüpft nachher daran an • geht offen und ehrlich mit Kollegen und Vorgesetzten um • ist oben genannten Personengruppen gegenüber loyal • ist ein sachlicher Diskussionspartner
Zielorientiertes Arbeiten und Überzeugungskraft
• erreicht vorgegebene Ziele mit möglichst geringem Zeitaufwand • baut leicht Kontakte auf und pflegt diese nachhaltig • überzeugt durch Argumente sowie durch Sprache und Auftreten

8.12.3 Selbstständiger Verkäufer im Außendienst

1.	Funktionsbezeichnung	Selbstständiger Verkäufer im Außendienst
2.	Wem unterstellt?	Der Funktionsinhaber ist, sofern vorhanden, dem Büromanager/ Vertriebsleiter unterstellt, sonst dem Agenturleiter.
3.	Wem überstellt?	Der Funktionsinhaber ist keinen Funktionsträgern überstellt.
4.	Vertretungsregelung Funktionsinhaber vertritt / Funktions-inhaber wird vertreten von:	**Vertritt bei Abwesenheiten:** Der Funktionsinhaber vertritt seine Kollegin / seine Kollegen während deren Abwesenheit / in allen Belangen / bei der telefonischen Erreichbarkeit /... **Bei eigenen Abwesenheiten wird er vertreten von:** Der Funktionsinhaber wird vertreten von seiner Kollegin / seinem Kollegen während seiner Abwesenheit / in allen Belangen /...
5.	Ziel der Stelle	Der selbstständige Verkäufer im Außendienst pflegt und baut den eigenen Kundenbestand aus. Er bearbeitet alle Vorgänge im Bestand fallabschließend. Seine Arbeitsabläufe plant er selbstständig und eigenverantwortlich. Die einzelnen Aufgaben sind im Folgenden im Detail beschrieben.
6.	Aufgaben	• Kunden akquirieren, beraten und betreuen • persönliche Verkaufsgespräche planen, durchführen und nachbereiten • Informationen über Versicherungsbedingungen, Leistungspakete, Tarife und geänderte Rechtsvorschriften einholen und aufbereiten • Weiterleitung von Anträgen an den Innendienst • Schadensmeldungen und Unfallberichte entgegennehmen • Kleinschäden begutachten, untersuchen, einschätzen und berechnen • Innendienstaufgaben, wenn entsprechende Mitarbeiter dafür nicht vorhanden sind • komplette selbstständige Angebotserstellung • Planung, Durchführung und Nachbearbeitung von Kundengesprächen im Außendienst oder im Büro • Aufnahme und Bearbeitung von Kundenanfragen, -reklamationen und Schadenanfragen, -reklamationen sowie Schäden
7.	Vollmachten	Unterschriftsberechtigung, Entscheidungskompetenzen • Die Vollmachten ergeben sich aus dem jeweils gültigen Kompetenz-rahmen, der indirekt von den Gesellschaften vorgegeben wird.
8.	Gehaltseinstufung	• Garantie (ohne/mit Verrechnung) plus anteilige Provisionen und Erfolgsbeteiligung • ggf. Geschäftsplan
9.	Einarbeitung	nach Einarbeitungsplan Einarbeitungsdauer: wie Probezeit – 6 Monate
10.	Aus- und Weiterbildung	Die Aus- und Weiterbildung erfolgt in der Regel firmenintern über das Personalentwicklungsprogramm. Im Übrigen sorgt der selbst-ständige Verkäufer selber für seine eigene Förderung.
11.	Aufstiegschancen	Büromanager, Vertriebsleiter, Agenturleiter

Selbstständiger Verkäufer im Außendienst: Anforderungsprofil – allgemeine Anforderungen

1.	Schulabschluss	Mittlere Reife	
2.	Ausbildung	abgeschlossene Berufsausbildung in der Versicherungsbranche	
3.	Erforderliche Berufserfahrung in Jahren	mindestens 1 Jahr Berufserfahrung	
4.	Spezielle Branchenkenntnisse erforderlich?	☐ nein	☒ ja
		maximal 2 Vorgesellschaften in den letzten 5 Jahren	
5.	Erforderliche Kenntnisse aus anderen Bereichen?	☒ nein	☐ ja
6.	EDV-Kenntnisse erforderlich?	☐ nein	☒ ja
		Office oder Vergleichbares: Word, Excel, Powerpoint, Outlook	
7.	Führungserfahrung erforderlich	☒ nein	☐ ja
8.	Führerschein(e) erforderlich?	☐ nein	☒ ja
9.	Sonstige Anforderungen: • Reisebereitschaft • hoher Anspruch an sich • Begeisterungsfähigkeit	 ja ja ja	

Selbstständiger Verkäufer im Außendienst: Kompetenzprofil

	Soll-Profil				Bemerkungen
1. Persönliche Kompetenz	100 %	75 %	50 %	25 %	
• Flexibilität und Initiative	☐	☑	☐	☐	
• Auftreten	☑	☐	☐	☐	
2. Fachkompetenz	100 %	75 %	50 %	25 %	
• Versicherungen	☑	☐	☐	☐	
• Kundenbetreuung	☑	☐	☐	☐	
• Fachgebiet	☑	☐	☐	☐	
3. Selbstorganisation	100 %	75 %	50 %	25 %	
• Arbeitsqualität	☐	☑	☐	☐	
• Arbeitsquantität	☑	☐	☐	☐	
• Urteilsvermögen und Kontrolle	☐	☑	☐	☐	
• kostenbewusstes Handeln	☐	☑	☐	☐	
4. Soziale Kompetenz	100 %	75 %	50 %	25 %	
• Zusammenarbeit	☐	☑	☐	☐	
• zielorientiertes Arbeiten und Überzeugungskraft	☑	☐	☐	☐	

1. Persönliche Kompetenz
Flexibilität und Initiative
• stellt sich schnell auf veränderte und neue Sachlagen ein • richtet die Arbeitsführung auf die neue Situation aus • reagiert bei akuten Problemen schnell und behält dabei die Übersicht • erkennt Aufgaben aus eigenem Antrieb und greift sie auf, ohne den Weg genau vorgezeichnet zu bekommen • hat den Mut, neue Wege vorzuschlagen • bildet sich selbstständig weiter und setzt das Wissen in der eigenen Arbeit um
Auftreten
• spricht frei und offen • schreibt fehlerfrei, klar und kurz • ist sicher im Auftreten • ist diskret • lässt Gesprächspartner aussprechen • behandelt Informationen vertraulich • hört zu

2. Fachkompetenz
Versicherungen
• kennt Unternehmen und dessen Geschäftsfelder • kennt Produkte und kann diese erläutern • kann mit Kundenanfragen und -reklamationen umgehen • kennt die Grundlagen der Schadenregulierung und kann diese anwenden
Kundenbetreuung
• akquiriert und berät Kunden • kommuniziert freundlich und klar • kann Anfragen im Privatkundengeschäft und einfachen Gewerbegeschäft direkt beantworten • betreut Kunden regelmäßig und nachhaltig
Fachgebiet
• hat vertiefte Fachkenntnisse in der Versicherungsbranche und den Privatsparten • kennt einzelne Versicherungsprodukte im Detail und kann diese erklären • kennt das Gewerbegeschäft • kann auch komplizierte Sachverhalte erklären

3. Selbstorganisation
Arbeitsqualität
• nutzt und setzt alle Organisationshilfen ein • erkennt und kommuniziert eigene Fehler: Lernbereitschaft • braucht kaum kontrolliert zu werden: kaum Zeitaufwand für Routineaufgaben • informiert Geschäftspartner umfassend und zeitnah
Arbeitsquantität
• erledigt Arbeit in vorgegebener Zeit • zeigt Ausdauer und Stetigkeit bei der Arbeit • steigert die Produktivität kontinuierlich
Urteilsvermögen und Kontrolle
• erkennt Ziele und Notwendigkeiten • wählt neue Lösungswege nach ihrer Wirksamkeit und setzt sie ein • kontrolliert eigene Arbeitsergebnisse • setzt Controllinginstrumente ein
Kostenbewusstes Handeln
• erreicht vorgegebene Ziele mit möglichst geringem Zeitaufwand • erkennt Verlustquellen und behebt sie • geht rationell mit Ressourcen um

4. Soziale Kompetenz
Zusammenarbeit
• beteiligt sich an gemeinsamen Aufgaben • beschafft sachdienliche Informationen unter Ausnutzung aller Kommunikationswege • leitet Informationen exakt und schnell weiter • geht diskret mit vertraulichen Dingen um • merkt sich wichtige Gedanken in Gesprächen und knüpft nachher daran an • arbeitet offen und ehrlich mit Kollegen und Geschäftspartnern zusammen • ist oben genannten Personengruppen gegenüber loyal • ist ein sachlicher Diskussionspartner
Zielorientiertes Arbeiten und Überzeugungskraft
• bildet sich eine eigene Meinung aufgrund von Fachkompetenz und stellt diese verständlich dar • baut leicht Kontakte auf und pflegt diese nachhaltig • kann seine Gesprächspartner für sich einnehmen und begeistern • überzeugt durch Argumente sowie durch Sprache und Auftreten

8.12.4 Agenturleiter

1.	Funktionsbezeichnung	Agenturleiter
2.	Wem unterstellt?	Der Funktionsinhaber ist keinen Funktionsgruppen unterstellt.
3.	Wem überstellt?	Der Funktionsinhaber ist dem Auszubildenden, der Büroassistenz, der Innendienstkraft mit Verkauf, dem angestellten und selbstständigen Verkäufer im Außendienst, dem Büromanager und dem Vertriebsleiter überstellt.
4.	Vertretungsregelung Funktionsinhaber vertritt / Funktionsinhaber wird vertreten von:	**Vertritt bei Abwesenheiten:** Der Funktionsinhaber vertritt seine Kollegin / seine Kollegen während deren Abwesenheit / in allen Belangen / bei der telefonischen Erreichbarkeit /... **Bei eigenen Abwesenheiten wird er vertreten von:** Der Funktionsinhaber wird vertreten von seiner Kollegin / seinem Kollegen während seiner Abwesenheit / in allen Belangen /...
5.	Ziel der Stelle	Der Agenturleiter ist für das Erreichen der kurz-, mittel- und langfristigen Verkaufsziele und Ergebnisse des Agenturbetriebes zuständig. Dazu setzt er die vorhandenen Ressourcen optimal im Innen- und Außendienst ein. Er stellt die Kommunikation zum Büromanager/Vertriebsleiter bzw. zum Mitarbeiterteam sicher und bildet die Schnittstelle zwischen Controlling und vertrieblichen Belangen. Außerdem plant er alle Verkaufsaktivitäten. Er zeichnet für die organisatorischen und betriebswirtschaftlichen Abläufe des Betriebes verantwortlich. Dazu erstellt er einen Marketingplan für das Geschäftsjahr und bestimmt die strategische Ausrichtung des Betriebes. Die Bestandsspezifika kennt er und realisiert Fehlentwicklungen frühzeitig. Die einzelnen Aufgaben sind im Folgenden im Detail beschrieben.
6.	Aufgaben	**Führungsaufgaben:** • Sicherstellung des laufenden Informationsflusses und Konfliktbehebung im Geschäftsbetrieb • laufende Information der Mitarbeiter über Neuerungen und Veränderungen im Produkt- und Tarifwesen • Planung und organisatorische Verantwortung der Einarbeitung neuer Mitarbeiter • Verantwortung für die laufende Weiterbildung der Mitarbeiter **Controllingaufgaben:** • Controlling des Vertriebserfolges der einzelnen Mitarbeiter • Überprüfung der termingerechten und korrekten Rechnungsstellung durch die Mitarbeiter • Installation und Controlling von Maßnahmen zur Stornoverhütung sowie zur Verbesserung der Schadenkennziffern • Urlaubsplanung des Mitarbeiterteams • Überwachung der Budgets

		Vertriebsaufgaben: • regelmäßige Information der Mitarbeiter über besondere Vorgänge (z. B. Aktivitäten, Produkte und Programme von Wettbewerbern), die in Bezug auf Neugeschäft, Bestand und Organisation von Interesse sind • Vorbereitung und Durchführung von Messen oder Kundenveranstaltungen • Förderung des Neugeschäftes in allen Sparten, insbesondere aber auch Forcierung der qualifizierten Geschäftssegmente • Ermittlung von regionalen Potentialerhebungen und Festlegung von Akquisitionsprioritäten
7.	Vollmachten	• Genehmigung von Rabatten innerhalb des vorhandenen Budgets • verantwortlicher Einsatz der verschiedenen Mitarbeiter • eigenverantwortliche Leitung von Meetings • Jederzeit können alle für den Vertriebserfolg notwendigen Stellen des Geschäftes kontaktiert und (wenn notwendig) zusammengerufen werden.
8.	Gehaltseinstufung	Provisionsregelung mit Gesellschaft
9.	Einarbeitung	nach Einarbeitungsplan Einarbeitungsdauer: mindestens 12 Monate
10.	Aus- und Weiterbildung	Die Aus- und Weiterbildung erfolgt in der Regel firmenintern über das Personalentwicklungsprogramm. Im Übrigen sorgt der Agenturleiter selber für seine eigene Förderung.
11.	Aufstiegschancen	keine

Agenturleiter: Anforderungsprofil – allgemeine Anforderungen

1.	Schulabschluss	Abitur	
2.	Ausbildung	abgeschlossene Berufsausbildung in der Versicherungsbranche	
3.	Erforderliche Berufserfahrung in Jahren	• mindestens 3 Jahre • fundierte Branchen- und Produktkenntnisse • Erfahrung in der Organisation von sich selber und anderen • nachweisbare Vertriebserfolge • professioneller Umgang mit Stress	
4.	Spezielle Branchenkenntnisse erforderlich?	☐ nein	☒ ja
		maximal 2 Vorgesellschaften in den letzten 5 Jahren	
5.	Erforderliche Kenntnisse aus anderen Bereichen?	☐ nein	☒ ja
		betriebswirtschaftliches Know-how	
6.	EDV-Kenntnisse erforderlich?	☐ nein	☒ ja
		Office oder Vergleichbares: Word, Excel, Powerpoint, Outlook Erfahrung in der Nutzung von Internet und Intranet gute Kenntnisse in der gängigen Anwendungssoftware im Versicherungswesen	
7.	Führungserfahrung erforderlich	☐ nein	☒ ja
8.	Führerschein(e) erforderlich?	☐ nein	☒ ja
9.	sonstige Anforderungen: • Reisebereitschaft • hoher Anspruch an sich • Begeisterungsfähigkeit	 ja ja ja	

Agenturleiter: Kompetenzprofil

	Soll-Profil				Bemerkungen
1. Persönliche Kompetenz	100 %	75 %	50 %	25 %	
• Flexibilität und Initiative	☑	☐	☐	☐	
• Auftreten	☑	☐	☐	☐	
2. Fachkompetenz	100 %	75 %	50 %	25 %	
• Versicherungen	☑	☐	☐	☐	
• Kundenbetreuung	☑	☐	☐	☐	
• Büroorganisation	☐	☑	☐	☐	
3. Selbstorganisation	100 %	75 %	50 %	25 %	
• Arbeitsqualität	☑	☐	☐	☐	
• Arbeitsquantität	☑	☐	☐	☐	
• Urteilsvermögen und Kontrolle	☑	☐	☐	☐	
• kostenbewusstes Handeln	☑	☐	☐	☐	
4. Soziale und Führungskompetenz	100 %	75 %	50 %	25 %	
• Zusammenarbeit	☑	☐	☐	☐	
• zielorientiertes Arbeiten und Überzeugungskraft	☑	☐	☐	☐	
• Führungsverhalten	☑	☐	☐	☐	
• Mitarbeiterentwicklung	☑	☐	☐	☐	

1. Persönliche Kompetenz
Flexibilität und Initiative
• stellt sich schnell auf veränderte und neue Sachlagen ein • richtet die Arbeitsführung auf die neue Situation aus • reagiert bei akuten Problemen schnell und behält dabei die Übersicht • erkennt Aufgaben aus eigenem Antrieb und greift sie auf • hat den Mut, neue Wege vorzuschlagen • bildet sich selbstständig weiter und setzt das Wissen in der eigenen Arbeit um
Auftreten
• spricht frei und offen • schreibt klar und kurz • hat stets eine positive Ausstrahlung • wirkt seriös und kann Menschen allein durch seine Anwesenheit vereinnahmen • ist sicher im Auftreten • lässt Gesprächspartner aussprechen • behandelt Informationen vertraulich • hört zu

2. Fachkompetenz
Versicherungen
• kennt Unternehmen und dessen Geschäftsfelder • hat detaillierte Produktkenntnisse • kann Produkte erläutern und erklären • kennt Projekte des eigenen Bereichs
Kundenbetreuung
• kommuniziert freundlich und klar • kann Kundenanfragen souverän beantworten oder für eine kurzfristige Lösung sorgen • bringt eine hohe Dienstleistungsmentalität mit und kann diese weitervermitteln
Fachgebiet
• hat vertiefte Produktkenntnisse in den Privatsparten und im einfachen Gewerbegeschäft • hat vertiefte Kenntnisse der betrieblichen Altersversorgung • hält Marktüberblick • kann Versicherungsprodukte inhaltlich erläutern • kann auch komplizierte Sachverhalte anschaulich erklären • hat fortgeschrittene Kenntnisse in der Betriebsorganisation und der Organisation von Arbeitsabläufen einer Agentur

3. Selbstorganisation
Arbeitsqualität
• nutzt und setzt alle Organisationshilfen ein • erkennt und kommuniziert eigene Fehler: Lernbereitschaft • braucht kaum Zeitaufwand für Routineaufgaben • hält regelmäßigen Kontakt zur Gesellschaft und deren Betreuern
Arbeitsquantität
• erledigt Arbeit in vorgegebener Zeit • zeigt Ausdauer und Stetigkeit bei der Arbeit • steigert fortlaufend die Produktivität
Urteilsvermögen und Kontrolle
• erkennt Ziele und Notwendigkeiten und richtet seine Arbeitsführung darauf aus • kontrolliert eigene Arbeitsergebnisse • setzt Controllinginstrumente sinnvoll und nachhaltig ein
Kostenbewusstes Handeln
• erkennt Verlustquellen und behebt sie • geht rationell mit Ressourcen um • erreicht vorgegebene Ziele mit angemessenem Zeitaufwand • erkennt Entwicklungen in der Agentur oder auf dem Markt und ergreift Maßnahmen zur Gegensteuerung

4. Soziale und Führungskompetenz
Zusammenarbeit
• beteiligt sich an gemeinsamen Aufgaben • beschafft sachdienliche Informationen unter Ausnutzung aller Kommunikationswege • leitet Informationen exakt und schnell weiter • geht diskret mit vertraulichen Dingen um • merkt sich wichtige Gedanken in Gesprächen und knüpft später daran an • geht offen und ehrlich mit Mitarbeitern und Kollegen um • ist ein sachlicher und loyaler Diskussionspartner
Zielorientiertes Arbeiten und Überzeugungskraft
• bildet sich eine eigene Meinung aufgrund von Fachkompetenz und stellt diese verständlich dar • kann vermitteln, wie Kontakte aufgebaut und nachhaltig gepflegt werden • kann Gesprächspartner für sich und seine Ziele gewinnen • überzeugt durch Argumente sowie durch Sprache und Auftreten
Führungsverhalten
• führt Mitarbeiter zielorientiert • trifft Entscheidungen, die das Aufgabenziel erreichen • kann und will unfähige Mitarbeiter straff führen • vertritt Entscheidungen bei seinen Mitarbeitern • steht bei Problemen Mitarbeitern offen zur Verfügung • berät Mitarbeiter bei Unsicherheit • hört gut zu • gibt auch eigene Lieblingsaufgaben an andere ab
Mitarbeiterentwicklung
• erkennt Leistungspotentiale der Mitarbeiter • fördert Mitarbeiter in ihrem Potential • nutzt das Potential seiner Mitarbeiter voll aus • setzt Leistungsbeurteilung kontinuierlich ein

8.12.5 Büromanager

1.	Funktionsbezeichnung	Büromanager
2.	Wem unterstellt?	Der Funktionsinhaber ist dem Agenturleiter unterstellt.
3.	Wem überstellt?	Der Funktionsinhaber ist der Büroassistenz sowie dem Auszubildenden und der Innendienstkraft mit Verkauf in Bezug auf die Büroorganisation überstellt.
4.	Vertretungsregelung Funktionsinhaber vertritt / Funktions-inhaber wird vertreten von:	**Vertritt bei Abwesenheiten:** Der Funktionsinhaber vertritt seine Kollegin / seine Kollegen während deren Abwesenheit / in allen Belangen / bei der telefonischen Erreichbarkeit /... **Bei eigenen Abwesenheiten wird er vertreten von:** Der Funktionsinhaber wird vertreten von seiner Kollegin / seinem Kollegen während seiner Abwesenheit / in allen Belangen /...
5.	Ziel der Stelle	Der Büromanager ist für den optimalen Ablauf des Bürobetriebes zuständig. Er stellt die Kommunikation zwischen Agenturleiter und dem Mitarbeiterteam im Innendienst sicher und bildet die Schnittstelle zum Vertrieb und zum Innendienst. Die einzelnen Aufgaben sind im Folgenden im Detail beschrieben.
6.	Aufgaben	**Führungsaufgaben:** • Sicherstellung des laufenden Informationsflusses und Konfliktbehebung im Geschäftsbetrieb • Planung und organisatorische Verantwortung der Einarbeitung neuer Mitarbeiter in Bezug auf Innendienstaufgaben • Verantwortung für die laufende Weiterbildung der Mitarbeiter im Innendienst **Controllingaufgaben:** • Controlling der Arbeitsabläufe der einzelnen Mitarbeiter • Überwachung der Budgets **Vertriebsaufgaben:** • regelmäßige Information der Mitarbeiter über besondere Vorgänge, die in Bezug auf die Organisation von Interesse sind **Support Agenturleiter:** • Installation und Controlling von Maßnahmen zur Stornoverhütung sowie zur Verbesserung der Schadenkennziffern inklusive Sanierungen • Planung und organisatorische Begleitung der Einarbeitung neuer Mitarbeiter in Absprache mit dem Agenturleiter • Vorschlagserstellung für die laufende Weiterbildung der Mitarbeiter

7.	Vollmachten	• Genehmigung von Rabatten innerhalb des vorhandenen Budgets • verantwortlicher Einsatz der verschiedenen Mitarbeiter • eigenverantwortliche Leitung von Meetings • Jederzeit können alle für den Vertriebserfolg notwendigen Stellen des Geschäftes kontaktiert und (wenn notwendig) zusammengerufen werden.
8.	Gehaltseinstufung	je nach Qualifikation, ggf. Erfolgsbeteiligung
9.	Einarbeitung	nach Einarbeitungsplan Einarbeitungsdauer: wie Probezeit – 6 Monate
10.	Aus- und Weiterbildung	Die Aus- und Weiterbildung erfolgt in der Regel firmenintern über das Personalentwicklungsprogramm. Im Übrigen sorgt der Mitarbeiter selber für seine eigene Förderung.
11.	Aufstiegschancen	Vertriebsleiter, ggf. Agenturleiter

Büromanager: Anforderungsprofil – allgemeine Anforderungen

1.	Schulabschluss	Abitur
2.	Ausbildung	abgeschlossene kaufmännische Berufsausbildung, vorzugsweise in der Versicherungsbranche
3.	erforderliche Berufserfahrung in Jahren	• mindestens 2 Jahre • gute Branchenkenntnisse • Erfahrung in der Organisation von sich selber und anderen • professioneller Umgang mit Stress
4.	Spezielle Branchenkenntnisse erforderlich?	☐ nein ☒ ja maximal 2 Vorgesellschaften in den letzten 5 Jahren
5.	Erforderliche Kenntnisse aus anderen Bereichen?	☐ nein ☒ ja Betriebswirtschaftliches Know-how
6.	EDV-Kenntnisse erforderlich?	☐ nein ☒ ja Office oder Vergleichbares: Word, Excel, Powerpoint, Outlook Erfahrung in der Nutzung von Internet und Intranet gute Kenntnisse in der gängigen Anwendungssoftware im Versicherungswesen
7.	Führungserfahrung erforderlich	☒ nein ☐ ja wünschenswert
8.	Führerschein(e) erforderlich?	☒ nein ☐ ja
9.	sonstige Anforderungen: • Reisebereitschaft • hoher Anspruch an sich • Begeisterungsfähigkeit	 nein ja ja

Büromanager: Kompetenzprofil

	Soll-Profil				Bemerkungen
1. Persönliche Kompetenz	100 %	75 %	50 %	25 %	
• Flexibilität und Initiative	☐	☑	☐	☐	
• Auftreten	☐	☑	☐	☐	
2. Fachkompetenz	100 %	75 %	50 %	25 %	
• Versicherungen	☐	☐	☑	☐	
• Kundenbetreuung	☐	☐	☑	☐	
• Büroorganisation	☑	☐	☐	☐	
3. Selbstorganisation	100 %	75 %	50 %	25 %	
• Arbeitsqualität	☑	☐	☐	☐	
• Arbeitsquantität	☑	☐	☐	☐	
• Urteilsvermögen und Kontrolle	☑	☐	☐	☐	
• kostenbewusstes Handeln	☐	☑	☐	☐	
4. Soziale und Führungskompetenz	100 %	75 %	50 %	25 %	
• Zusammenarbeit	☑	☐	☐	☐	
• zielorientiertes Arbeiten und Überzeugungskraft	☐	☑	☐	☐	
• Führungsverhalten	☐	☑	☐	☐	
• Mitarbeiterentwicklung	☐	☑	☐	☐	

1. Persönliche Kompetenz
Flexibilität und Initiative
• stellt sich schnell auf veränderte und neue Sachlagen ein • richtet die Arbeitsführung auf die neue Situation aus • reagiert bei akuten Problemen schnell und behält dabei die Übersicht • erkennt Aufgaben aus eigenem Antrieb und greift sie auf • hat den Mut, neue Wege vorzuschlagen • bildet sich selbstständig weiter und setzt das Wissen in der eigenen Arbeit um
Auftreten
• spricht frei und offen • schreibt klar und kurz • ist sicher im Auftreten • lässt Gesprächspartner aussprechen • behandelt Informationen vertraulich • hört zu

2. Fachkompetenz
Versicherungen
• kennt Unternehmen und dessen Geschäftsfelder • kann die Unternehmensstrukturen und Betriebsabläufe erläutern • kennt Projekte des eigenen Bereichs
Kundenbetreuung
• kommuniziert freundlich und klar • kann einfache Kundenanfragen souverän beantworten oder für eine kurzfristige Lösung sorgen • bringt eine hohe Dienstleistungsmentalität mit und kann diese weitervermitteln
Fachgebiet
• hat Produktkenntnisse in den Privatsparten • hat fortgeschrittene Kenntnisse in der Betriebsorganisation und der Organisation von Arbeitsabläufen einer Agentur

3. Selbstorganisation
Arbeitsqualität
• nutzt und setzt alle Organisationshilfen ein • erkennt und kommuniziert eigene Fehler: Lernbereitschaft • braucht kaum kontrolliert zu werden: kaum Zeitaufwand für Routineaufgaben • hält regelmäßigen Kontakt zur Gesellschaft und deren Betreuern
Arbeitsquantität
• erledigt Arbeit in vorgegebener Zeit • zeigt Ausdauer und Stetigkeit bei der Arbeit • steigert fortlaufend die Produktivität
Urteilsvermögen und Kontrolle
• erkennt Ziele und Notwendigkeiten und richtet seine Arbeitsführung darauf aus • kontrolliert eigene Arbeitsergebnisse • setzt Controllinginstrumente sinnvoll und nachhaltig ein
Kostenbewusstes Handeln
• erkennt Verlustquellen und behebt sie • geht rationell mit Ressourcen um • erreicht vorgegebene Ziele mit angemessenem Zeitaufwand

4. Soziale und Führungskompetenz
Zusammenarbeit
• beteiligt sich an gemeinsamen Aufgaben • beschafft sachdienliche Informationen unter Ausnutzung aller Kommunikationswege • leitet Informationen exakt und schnell weiter • geht diskret mit vertraulichen Dingen um • merkt sich wichtige Gedanken in Gesprächen und knüpft später daran an • geht offen und ehrlich mit Mitarbeitern und Kollegen um • ist ein sachlicher und loyaler Diskussionspartner
Zielorientiertes Arbeiten und Überzeugungskraft
• bildet sich eine eigene Meinung aufgrund von Fachkompetenz und stellt diese verständlich dar • kann Gesprächspartner für sich und seine Ziele gewinnen • überzeugt durch Argumente sowie durch Sprache und Auftreten
Führungsverhalten
• führt Mitarbeiter zielorientiert • trifft Entscheidungen, die das Aufgabenziel erreichen • kann und will unfähige Mitarbeiter straff führen • vertritt Entscheidungen bei seinen Mitarbeitern • steht bei Problemen Mitarbeitern offen zur Verfügung • berät Mitarbeiter bei Unsicherheit • hört gut zu • gibt auch eigene Lieblingsaufgaben an andere ab
Mitarbeiterentwicklung
• erkennt Leistungspotentiale der Mitarbeiter • fördert Mitarbeiter in ihrem Potential • nutzt das Potential seiner Mitarbeiter voll aus • setzt Leistungsbeurteilung kontinuierlich ein

8.12.6 Vertriebsleiter

<table>
<tr><td>1.</td><td>Funktionsbezeichnung</td><td>Vertriebsleiter</td></tr>
<tr><td>2.</td><td>Wem unterstellt?</td><td>Der Funktionsinhaber ist dem Agenturleiter unterstellt.</td></tr>
<tr><td>3.</td><td>Wem überstellt?</td><td>Der Funktionsinhaber ist dem angestellten und selbstständigen Verkäufer im Außendienst sowie dem Auszubildenden und der Innendienstkraft im Verkauf in Bezug auf Vertrieb überstellt.</td></tr>
<tr><td>4.</td><td>Vertretungsregelung Funktionsinhaber vertritt / Funktionsinhaber wird vertreten von:</td><td>Vertritt bei Abwesenheiten:
Der Funktionsinhaber vertritt seine Kollegin / seine Kollegen während deren Abwesenheit / in allen Belangen / bei der telefonischen Erreichbarkeit /...

Bei eigenen Abwesenheiten wird er vertreten von:
Der Funktionsinhaber wird vertreten von seiner Kollegin / seinem Kollegen während seiner Abwesenheit / in allen Belangen /...</td></tr>
<tr><td>5.</td><td>Ziel der Stelle</td><td>Der Vertriebsleiter ist für das Erreichen der kurz-, mittel- und langfristigen Verkaufsziele und Ergebnisse des Agenturbetriebes zuständig. Dazu setzt er die vorhandenen Ressourcen optimal ein. Er stellt die Kommunikation zum Agenturleiter bzw. zum Mitarbeiterteam sicher und bildet die Schnittstelle zwischen Controlling und vertrieblichen Belangen. Außerdem plant er alle Verkaufsaktivitäten in Absprache mit dem Agenturleiter und setzt diese um. Er erstellt mit ihm gemeinsam einen Marketingplan für das Geschäftsjahr und setzt die strategische Ausrichtung des Betriebes um. Die Bestandsspezifika kennt er und steuert bei Fehlentwicklungen in Absprache mit dem Agenturleiter gegen. Die einzelnen Aufgaben sind im Folgenden im Detail beschrieben.</td></tr>
<tr><td>6.</td><td>Aufgaben</td><td>Führungsaufgaben:
• Sicherstellung des laufenden Informationsflusses und Konfliktbehebung im Geschäftsbetrieb
• laufende Information der Mitarbeiter über Neuerungen und Veränderungen im Produkt- und Tarifwesen
• Planung und organisatorische Verantwortung der Einarbeitung neuer Mitarbeiter
• Verantwortung für die laufende Weiterbildung der Mitarbeiter

Controllingaufgaben:
• Controlling des Vertriebserfolges der einzelnen Mitarbeiter
• Überprüfung der termingerechten und korrekten Rechnungsstellung durch die Mitarbeiter

Vertriebsaufgaben:
• regelmäßige Information der Mitarbeiter über besondere Vorgänge (z. B. Aktivitäten, Produkte und Programme von Wettbewerbern), die in Bezug auf Neugeschäft und Bestand von Interesse sind
• Vorbereitung und Durchführung von Messen oder Kundenveranstaltungen
• Förderung des Neugeschäftes in allen Sparten, insbesondere aber auch Forcierung der qualifizierten Geschäftssegmente
• Ermittlung von regionalen Potentialerhebungen und Festlegung von Akquisitionsprioritäten</td></tr>
</table>

7.	Vollmachten	• Genehmigung von Rabatten innerhalb des vorhandenen Budgets • verantwortlicher Einsatz der verschiedenen Mitarbeiter • eigenverantwortliche Leitung von Meetings • Jederzeit können alle für den Vertriebserfolg notwendigen Stellen des Geschäftes kontaktiert und (wenn notwendig) zusammengerufen werden.
8.	Gehaltseinstufung	je nach Qualifikation, ggf. Erfolgsbeteiligung
9.	Einarbeitung	nach Einarbeitungsplan Einarbeitungsdauer: 6 Monate
10.	Aus- und Weiterbildung	Die Aus- und Weiterbildung erfolgt in der Regel firmenintern über das Personalentwicklungsprogramm. Im Übrigen sorgt der Mitarbeiter selber für seine eigene Förderung.
11.	Aufstiegschancen	Büromanager, ggf. Agenturleiter

Vertriebsleiter: Anforderungsprofil – allgemeine Anforderungen

<table>
<tr><td>1.</td><td>Schulabschluss</td><td colspan="2">Abitur</td></tr>
<tr><td>2.</td><td>Ausbildung</td><td colspan="2">abgeschlossene Berufsausbildung in der Versicherungsbranche</td></tr>
<tr><td>3.</td><td>Erforderliche Berufserfahrung in Jahren</td><td colspan="2">• mindestens 3 Jahre
• fundierte Branchen- und Produktkenntnisse
• Erfahrung in der Organisation von sich selber und anderen
• nachweisbare Vertriebserfolge
• professioneller Umgang mit Stress</td></tr>
<tr><td rowspan="2">4.</td><td rowspan="2">Spezielle Branchenkenntnisse erforderlich?</td><td>☐ nein</td><td>☒ ja</td></tr>
<tr><td colspan="2">maximal 2 Vorgesellschaften in den letzten 5 Jahren</td></tr>
<tr><td rowspan="2">5.</td><td rowspan="2">Erforderliche Kenntnisse aus anderen Bereichen?</td><td>☐ nein</td><td>☒ ja</td></tr>
<tr><td colspan="2">Betriebswirtschaftliches Know-how</td></tr>
<tr><td>6.</td><td>EDV-Kenntnisse erforderlich?</td><td colspan="2">☐ nein ☒ ja
Office oder Vergleichbares: Word, Excel, Powerpoint, Outlook
Erfahrung in der Nutzung von Internet und Intranet
gute Kenntnisse in der gängigen Anwendungssoftware
im Versicherungswesen</td></tr>
<tr><td rowspan="2">7.</td><td rowspan="2">Führungserfahrung erforderlich</td><td>☒ nein</td><td>☐ ja</td></tr>
<tr><td colspan="2">wünschenswert</td></tr>
<tr><td>8.</td><td>Führerschein(e) erforderlich?</td><td>☐ nein</td><td>☒ ja</td></tr>
<tr><td>9.</td><td>sonstige Anforderungen:

• Reisebereitschaft
• hoher Anspruch an sich
• Begeisterungsfähigkeit</td><td colspan="2">

ja
ja
ja</td></tr>
</table>

Vertriebsleiter: Kompetenzprofil

	Soll-Profil				Bemerkungen
1. Persönliche Kompetenz	100 %	75 %	50 %	25 %	
• Flexibilität und Initiative	☐	☑	☐	☐	
• Auftreten	☑	☐	☐	☐	
2. Fachkompetenz	100 %	75 %	50 %	25 %	
• Versicherungen	☑	☐	☐	☐	
• Kundenbetreuung	☐	☑	☐	☐	
• Büroorganisation	☐	☐	☑	☐	
3. Selbstorganisation	100 %	75 %	50 %	25 %	
• Arbeitsqualität	☑	☐	☐	☐	
• Arbeitsquantität	☑	☐	☐	☐	
• Urteilsvermögen und Kontrolle	☑	☐	☐	☐	
• kostenbewusstes Handeln	☐	☑	☐	☐	
4. Soziale und Führungskompetenz	100 %	75 %	50 %	25 %	
• Zusammenarbeit	☑	☐	☐	☐	
• zielorientiertes Arbeiten und Überzeugungskraft	☑	☐	☐	☐	
• Führungsverhalten	☐	☑	☐	☐	
• Mitarbeiterentwicklung	☐	☑	☐	☐	

1. Persönliche Kompetenz
Flexibilität und Initiative
• stellt sich schnell auf veränderte und neue Sachlagen ein • richtet die Arbeitsführung auf die neue Situation aus • reagiert bei akuten Problemen schnell und behält dabei die Übersicht • erkennt Aufgaben aus eigenem Antrieb und greift sie auf • hat den Mut, neue Wege vorzuschlagen • bildet sich selbstständig weiter und setzt das Wissen in der eigenen Arbeit um
Auftreten
• spricht frei und offen • schreibt klar und kurz • ist sicher im Auftreten • lässt Gesprächspartner aussprechen • behandelt Informationen vertraulich • hört zu

2. Fachkompetenz
Versicherungen
• kennt Unternehmen und dessen Geschäftsfelder • hat detaillierte Produktkenntnisse • kann Produkte erläutern und erklären • kennt Projekte des eigenen Bereichs
Kundenbetreuung
• kommuniziert freundlich und klar • kann Kundenanfragen souverän beantworten oder für eine kurzfristige Lösung sorgen • bringt eine hohe Dienstleistungsmentalität mit und kann diese weitervermitteln
Büroorganisation
• hat vertiefte Produktkenntnisse in den Privatsparten und im einfachen Gewerbegeschäft • hat Kenntnisse der betrieblichen Altersversorgung • hält Marktüberblick • kann Versicherungsprodukte inhaltlich erläutern • kann auch komplizierte Sachverhalte anschaulich erklären

3. Selbstorganisation
Arbeitsqualität
• nutzt und setzt alle Organisationshilfen ein • erkennt und kommuniziert eigene Fehler: Lernbereitschaft • braucht kaum kontrolliert zu werden: kaum Zeitaufwand für Routineaufgaben • hält regelmäßigen Kontakt zur Gesellschaft und deren Betreuern
Arbeitsquantität
• erledigt Arbeit in vorgegebener Zeit • zeigt Ausdauer und Stetigkeit bei der Arbeit • steigert fortlaufend die Produktivität
Urteilsvermögen und Kontrolle
• erkennt Ziele und Notwendigkeiten und richtet seine Arbeitsführung darauf aus • kontrolliert eigene Arbeitsergebnisse • setzt Controllinginstrumente sinnvoll und nachhaltig ein
Kostenbewusstes Handeln
• erkennt Verlustquellen und behebt sie • geht rationell mit Ressourcen um • erreicht vorgegebene Ziele mit angemessenem Zeitaufwand • erkennt Entwicklungen in der Agentur oder auf dem Markt

4. Soziale und Führungskompetenz
Zusammenarbeit
• beteiligt sich an gemeinsamen Aufgaben • beschafft sachdienliche Informationen unter Ausnutzung aller Kommunikationswege • leitet Informationen exakt und schnell weiter • geht diskret mit vertraulichen Dingen um • merkt sich wichtige Gedanken in Gesprächen und knüpft später daran an • geht offen und ehrlich mit Mitarbeitern und Kollegen um • ist ein sachlicher und loyaler Diskussionspartner
Zielorientiertes Arbeiten und Überzeugungskraft
• bildet sich eine eigene Meinung aufgrund von Fachkompetenz und stellt diese verständlich dar • kann vermitteln, wie Kontakte aufgebaut und nachhaltig gepflegt werden • kann Gesprächspartner für sich und seine Ziele gewinnen • überzeugt durch Argumente sowie durch Sprache und Auftreten
Führungsverhalten
• führt Mitarbeiter zielorientiert • trifft Entscheidungen, die das Aufgabenziel erreichen • kann und will unfähige Mitarbeiter straff führen • vertritt Entscheidungen bei seinen Mitarbeitern • steht bei Problemen Mitarbeitern offen zur Verfügung • berät Mitarbeiter bei Unsicherheit • hört gut zu • gibt auch eigene Lieblingsaufgaben an andere ab
Mitarbeiterentwicklung
• erkennt Leistungspotentiale der Mitarbeiter • fördert Mitarbeiter in ihrem Potential • nutzt das Potential seiner Mitarbeiter voll aus • setzt Leistungsbeurteilung kontinuierlich ein

8.13 Einarbeitungsplan für eine Innendienstkraft

Einarbeitungs-schwerpunkt	Inhalte/Aktivitäten	Zeitraum	Mit wem?	Bis wann?
Einstiegsinformationen	• Eingangsformalitäten • An- und Abmeldung • Arbeitszeiterfassung • Kernarbeitszeiten • Pausenregelung • Schließregeln • Schlüsselübergabe und Quittierung • Postfach • Arbeitsplatz kennen lernen • persönliches Arbeitsmaterial • Materialentnahme • Umgang mit Wertstoffen / Entsorgung von Müll • Information an Raucher • Kleiderordnung			
allgemeine Regeln / Informationen	• Zuständigkeiten (Organigramm) • Telefonverzeichnis • Telefonregelungen • Qualitätsmanagement • Mitarbeitervertretung • Regelung im Krankheitsfall • Urlaubsantrag • Besucherempfang und Repräsentation nach außen • Reisekostenabrechnung • Spesenregelung • Brandschutz			
Organisation	• sonstige Technikausstattung erhalten • Agenturabläufe kennen lernen und verstehen (Post- und Mailbearbeitung, Verantwortlichkeiten, Standardisierung) • Ansprechpartner vor Ort, deren Funktion und Aufgaben kennen lernen • Arbeitsmaterialien erhalten, kennen und anwenden • Broschüren, Flyer und Werbemittel kennen lernen • Coach, Einarbeiter, Paten kennen lernen • Wiedervorlagesystem kennen lernen und anwenden • Telefonanlage kennen lernen und damit umgehen können			

Technik	• PC übergeben, Zugänge einrichten • PC-Sicherheit, Passwörter • E-Mail-Konto und -adresse • Zugang zu Intranet und Internet • Mailverteiler einrichten • Anwendungssoftware kennen lernen • Angebote rechnen • Dunkelverarbeitung kennen lernen • Policieren • Schadenbearbeitung • Kundenverwaltung			
Eigene Versorgungssituation	• eigene Versorgungssituation analysieren • Versorgungslücken erkennen und Lösungsmöglichkeiten aufzeigen • Rundumanalyse durchgehen			
Produkte	• Sachversicherungen kennen lernen und verstehen, dazu spezielle Produktbeschreibungen erstellen • Krankenzusatzversicherungen kennen lernen und verstehen • Lebens- und Rentenversicherungen kennen lernen • Krankenvollversicherungen kennen lernen • Gewerbeversicherungen kennen lernen			
Schadenbearbeitung	• Abläufe und Grundsätze kennen lernen • Vollmachten kennen • Wiedervorlagesystem kennen • Kommunikation mit der Verwaltung sauber kennen: Ansprechpartner • Kundenkommunikation im Allgemeinen nach den betrieblichen Standards kennen • Ablage führen können • Nachbearbeitung von Schäden machen können			
Verkauf	• telefonische Terminvereinbarung in Begleitung durchführen • telefonische Terminvereinbarung selbstständig durchführen • Kundenbesuche für den Agenturleiter vor- und nachbereiten • Standardselektionen nach Vorgabe bearbeiten und durchführen			
Sonstiges				

8.14 Zielvereinbarung – Eine zusätzliche Variante

Zielvereinbarung für: Datum:				
Ziel (Wo will ich hin?)	**Messgröße** (Wie sehe ich das Erreichte?)	**Maßnahmen / Handlungen** (Was mache ich?)	**Termin** (Bis wann?)	**Fördermaßnahmen** (Was brauche ich?) Andere Aufgaben, Seminare etc.

8.15 Checkliste: Bordsteinkonferenz 1

Gesprächseinstieg verbessern	☐
Kontaktaufbau	☐
Gesprächsführung	☐
konkrete Vereinbarungen	☐
Gesprächsabschluss	☐
kritische Rückmeldung	☐
Nutzenargumentation	☐

8.16 Checkliste: Bordsteinkonferenz 2

Name:	Vorgesetzter:	Datum:

Kontaktphase:
P Persönliches sicheres Auftreten, Freundlichkeit **S** Einfühlungsvermögen

			+	Ø	./.	Anmerkungen
1.	**P**	auf den Kunden zugehen				
2.	**P**	namentliche Vorstellung				
3.	**S**	namentliche Begrüßung				
4.	**S**	Atmosphäre schaffen				
5.	**P**	Kundenwunsch erfragen				
6.	**S**	Kundenwunsch positiv aufnehmen / verstärken				

Analysephase:
M Analyse-/Umsetzungsfähigkeit, logischer Aufbau **P** Konzentrations-/Entscheidungsfähigkeit
S Kommunikationsfähigkeit

			+	Ø	./.	Anmerkungen
1.	**P**	Überleitung in die Analysephase				
2.	**P**	Mandat einholen				
3.	**S**	Nachfrage um Erlaubnis wegen Notizen				
4.	**P**	Einbeziehung des Umfeldes				
5.	**M**	Notizen auf Beratungshilfe gemacht				
6.	**P**	Fragetechnik offene / geschlossene Fragen				O-Fragen: G-Fragen:
7.	**S**	Kunden ausreden lassen				
8.	**P**	Feedback, verbal / nonverbal verstärken				
9.	**M**	Zwischenergebnis mit Kunden abstimmen				
10.	**M**	Gesamtbedarf zusammenfassen und abstimmen				

Angebotsphase:
M (Problem-)Lösungsfähigkeit **P** Entscheidungsfähigkeit, unternehmerisches Denken
S Informationsfähigkeit **F** fachliche Fähig-/Fertigkeiten, Produktkenntnisse

			+	Ø	./.	Anmerkungen
1.	**F**	bedarfsbezogene/s (Erst-) Angebot/e				
2.	**F**	kundenbezogene Nutzenargumentation				
3.	**S**	kurze Sätze / einfache Formulierung				
4.	**P**	überzeugende Formulierung (kein Konjunktiv)				
5.	**F**	Einsatz von Prospekten / Verkaufshilfen				
6.	**F**	nachvollziehbare/s Angebot/e				
7.	**M**	zielorientiertes Vorgehen				

Sonstige Beobachtungen:

8.17 Checkliste: Bordsteinkonferenz 3

<table>
<tr><td>Erlebte Stärken:
-
-
-
-
-</td><td>Erlebte Schwächen:
-
-
-
-
-</td></tr>
<tr><td colspan="2">Gewonnene Erkenntnisse und daraus resultierende Möglichkeiten:
-
-
-
-
-</td></tr>
</table>

8.18 Checkliste: Bordsteinkonferenz 4

Kriterium	Beschreibung	Status	Entwicklungsmöglich-keiten und Maßnahmen
Soziale Kompetenz	• Kommunikationsfähigkeit • Motivationsfähigkeit • persönliches Auftreten	- - -	- - -
Verkaufen	• Begeisterungsfähigkeit • Überzeugungskraft • Ziel- und Abschlussorientierung • Durchsetzungsfähigkeit • Frustrationstoleranz	- - - - -	- - - - -
Planung und Organisation	• Überblick verschaffen • komplexe Zusammenhänge erkennen • systematisches Vorgehen • Technikeinsatz • Kreativität • Prioritätensetzung	- - - - - -	- - - - - -
Leistungs-bereitschaft	• Eigenmotivation • Leistungsanspruch	- -	- -

9 Literaturhinweise

Allgemeines Gleichbehandlungsgesetz (AGG)
§ 1, BGBl. I S. 1897, 1910 vom 14. August 2006

ASSEKURATA Solutions GmbH (Hrsg.):
Engpassfaktor Vertriebspartner: Website-Check, Köln 2013

Prof. Matthias Beenken:
BVK-Analyse, Warum Vertreter (nicht) zufrieden sind, veröffentlicht am 18. Dezember 2013, Versicherungsmagazin, http://www.versicherungsmagazin.de/Aktuell/Nachrichten/195/21228/BVK-Analyse-Warum-Vertreter-%28nicht%29-zufrieden-sind.html

Anita Bischof, Dr. Klaus Bischof:
Besprechungen, Haufe, 5. Auflage 2010

Dr. Klaus Bischof, Anita Bischof, Horst Müller:
Selbstmanagement, Haufe, 2. Auflage 2012

Dr. Klaus Bischof, Anita Bischof:
Aktiv Führen, Rheinfelden 2003–2014

Jörg Bruckmann (Hrsg.):
Einstellungssache: Personalgewinnung mit Frechmut und Können: Frische Ideen für Personalmarketing und Employer Branding, Gabler Verlag, Wiesbaden 2013

Jörgen Erichsen:
Personalkosten richtig berechnen: Wie viel kosten meine Mitarbeiter?, http://www.lexware.de/mitarbeiter-und-gehalt/personalkosten-berechnen-wie-viel-kosten-meine-mitarbeiter, Haufe-Lexware.com

Karriere.DiePresse.com:
Personaler überprüfen Hälfte der Bewerber im Internet, veröffentlicht am 11. Februar 2014, http://karrierenews.diepresse.com/home/karrieretrends/1561102/Personaler-uberprufen-Haelfte-der-Bewerber-im-Internet

Komma-Net.de:
Personalkosten schnell und einfach kalkulieren, veröffentlicht am 11. August 2010, VNR Verlag für die Deutsche Wirtschaft AG, http://www.komma-net.de/unternehmen/artikel/personalkosten-schnell-und-einfach-kalkulieren

Bettina Knauth:
Versicherungsbranche feilt an besserem Image, veröffentlicht am 16. November 2013, Neue Presse Coburg, http://www.np-coburg.de/regional/wirtschaft/Versicherungsbranche-feilt-an-besserem-Image;art83481,2960115

Thomas Necke:
Milieuspezifische Bewerberansprache, veröffentlicht am 29. Juli 2013, HR-impulse, http://hrimpulse.wordpress.com/2013/07/29/milieuspezifische-bewerberansprache

Psychonomics AG:
Rekrutierungsstudie Versicherungsaußendienst, Traumberuf Versicherungsvermittler, http://cdn.yougov.com/de-pdf/PM_Traumberuf_VM_2008_2.pdf , Köln 2009

Rechtsanwälte Steuerberater Pfeiffer, Link & Partner:
Scheinselbstständigkeit und Rentenversicherungspflicht bei Versicherungsvermittlern, veröffentlicht am 2. Januar 2012, Apraxa eG, http://www.apraxa.de/recht/handelsvertreterrecht/217/scheinselbstst%25C3%25A4ndigkeit_und_rentenversicherungspflicht_bei_versicherungsvermittlern

Robert-Bosch-Stiftung GmbH:
Die Zukunft der Arbeitswelt – Auf dem Weg ins Jahr 2030, www.boschstiftung.de/content/language1/downloads/Studie_Zukunft_der_Arbeitswelt_Einzelseiten.pdf, Stuttgart 2013

Markus Schleufe:
Mogelei in der Bewerbungsmappe, veröffentlicht am 11. November 2010, Zeit online, http://www.zeit.de/karriere/bewerbung/2010-10/schummeln-bewerbungen

Stefan Scheller:
Konformität oder Authentizität? – Selfie als Bewerbungsfoto?, veröffentlicht am 7. April 2014, Persoblogger.de, https://persoblogger.wordpress.com/2014/04/07/konformitat-oder-authentizitat-selfie-als-bewerbungsfoto/

Dr. Schmidt & Partner Personalwerbung GmbH (Hrsg.):
Studie „HR Marketing Channels", Die Zukunft von Recruiting und Employer Branding aus Unternehmens- und Kandidatensicht, Studie, Hamburg 2010

Statistische Ämter des Bundes und der Länder (Hrsg.):
Demografischer Wandel in Deutschland, Heft 4, Auswirkungen auf die Entwicklung der Erwerbspersonenzahl, Stuttgart 2009

Heinke Steiner:
Online-Assessment: Grundlagen und Anwendung von Online-Tests in der Unternehmenspraxis, Gabler Verlag, Wiesbaden 2009

Frank Thielicke:
Internationales Management, Vortrag

Thomas Ullrich, Jan Dietrich:
Bewerbung: Das Geheimwissen der Personalberater und Testpsychologen, Ullstein Verlag, München 2002

Prof. Fred Wagner (Hrsg.):
Gabler Versicherungslexikon, Gabler Verlag, Wiesbaden 2011

Helge Weinberg:
HR-Tauziehen: Was Recruiter von Hamburger Wohnungssuchenden lernen können, veröffentlicht am 6. April 2014, Helge Weinbergs Blog, http://blog.helge-weinberg.de/2014/hr-tauziehen-was-recruiter-von-hamburger-wohnungssuchenden-lernen-koennen/

Arnulf Weuster:
Personalauswahl I, Internationale Forschungsergebnisse zu Anforderungsprofil, Bewerbersuche, Vorauswahl, Vorstellungsgespräch und Referenzen, Gabler Verlag, Wiesbaden 2012

Arnulf Weuster:
Personalauswahl II, Internationale Forschungsergebnisse zum Verhalten und zu Merkmalen von Interviewern und Bewerbern, Gabler Verlag, Wiesbaden 2012

Anne Witwer, Larissa Thomann:
Bewerbertraining, vom Stelleninserat zur Anstellung, Lizentiatsarbeit, Universität Zürich 2008

10 Allgemeine Links

Soziale Netzwerke:

http://www.xing.com/

http://www.linkedin.com/

http://www.facebook.com/

Alternative Suchmaschinen:

http://www.ecosia.org/

http://ixquick.com/

Jede Menge Werkzeuge:

http://www.coaching-tools.de/

http://www.business-wissen.de/

z. B.: Bordsteinkonferenz: http://www.business-wissen.de/artikel/personalentwicklung-bordstein-konferenzen-richtig-durchfuehren/

11 Abbildungen

12 Stichwortverzeichnis